だから日本人は騙《だま》される

尖閣・竹島問題でわかった歴史のウソ

黄 文雄

経済界新書 039

はじめに

日本と中国、韓国との間でいわゆる「歴史問題」でもめるようになったのは、80年代後半に入ってからである。

主に日本が中韓から「靖国参拝の中止」や、独善的な「正しい歴史認識」を一方的に押しつけられるというもので、日本もまた「反省と謝罪」の明文化、行事化をくりかえしてきた。日中韓の間で形成されてきた、きわめてユニークな「東亜三国」特有の関係となっている。

だが、ここ数年、日中韓の関係における懸案は、じょじょに「歴史問題」から尖閣、竹島、さらに北方領土へと「領土問題」が主流となる方向へと変わりつつある。この変化に伴って、日本人の社会や国家に対する主流意識もまた変化している。戦後史の流れから見れば、日本人の国家意識の向上は、中韓がいう「右傾化」というよりも、喪失しつつあった国家意識の「蘇生」である。

私が日本に来たのは東京オリンピックの前だが、それからずっと院生の時代まで学園紛争の嵐が吹き荒れていた。春闘も秋闘もあり、ベ平連（ベトナムに平和を！市民連合）を先頭とする平和運動が幅を利かせ、「良識派日本人」を名乗る左翼の学者やジャーナリストが中国や北朝鮮を「地上の楽園」と呼び、共産主義国家への憧れと夢を語り続けていた。

時は流れ、世は変わる。文革による動乱の10年を経て、疲弊した中国は、自力更生を捨てて改革開放に舵取りを変え、ソ連、東欧崩壊の道連れとなるのを逃れて生き残った。韓国も「漢江《かんこう》の奇跡」が現れ、ＯＥＣＤ（先進国）に伍《ご》するようになり、有史以来の「売春立国」から脱却することができた。

戦後70年近くの間、国共内戦あり、朝鮮戦争、ベトナム戦争あり、また東西冷戦もあった。戦後、日本の近隣諸国では自民族同士が殺し合いに夢中だった中、日本は敗戦の廃墟から自力で這い上がってきた。社会主義世界革命の嵐が吹き荒れる中でも、めげずに汗と涙で立ち上がり、世界の経済大国になっただけでなく、アジアＮＩＥｓやＡＳＥＡＮの成長を導く牽引車にもなった。

第三の眼から見たこうした日本の生き様は、じつに感動的である。だが、冷戦終結の結果、日本では「失われた20年」が続く。「有為転変は世の常」とわきまえれば、世を見る眼も変わる。「塞翁《さいおう》が馬」という故事もあるように、決してマイナスばかりではないことは確かである。

日本は古代から「ケ」あり「ハレ」あるのはむしろ自然と人間の常道と信じられ、「失われた20年」は近年、中韓と「どう付き合うか」というよりも、「どう向き合うか」「どう立ち向かうか」という問いを多く投げかけている。

もちろん「どう対峙するか」という、やや過激な問いもある。この問いから発せられる問題意識は、さまざまな潜在意識からくるものと考えられる。仏教語でいう「阿《あ》頼耶識《らやしき》」や「蔵識《ぞうしき》」からくるものではないだろうか。

１９８２年のいわゆる「歴史教科書の改竄」誤報事件以来、約30年にわたって一方的に独善的な「正しい歴史認識」を押しつけられることに辟易《へきえき》し、戦後史の史実から見て、近隣諸国は決して平和愛好ではないことに気がつき、諸国の公正と信義を信頼できなくなったことから発した問いであろう。

ことに「領土問題」をめぐっては、日本よりも中韓のほうが「理不尽」な主張を行ない、その貪欲さが明らかになった。だから、「どう付き合うか」というよりも、「どう向き合うか」という問いのほうが、より正確に戦後史の流れをとらえている。日中韓の間には、従来、誤解だけでなく、曲解も少なくない。この誤解や曲解は、かつてないほど深刻であった。日本の常識は中韓の「非常識」であり、逆もまたそれに近いと考えればほぼ間違いない。

なぜ菅原道真が遣唐使を中止したのか。なぜ日本は鎖国と開国を繰り返してきたのか。その答えはすでにその通交史を見れば明らかである。

菅原道真だけでなく、福沢諭吉はなぜ「アジアの悪友どもとの交遊謝絶」を主張したのか。答えはすでに過去の長い歴史の中に出ているのである。

日中韓のちがいは、列島、大陸、半島などといった地政学的、生態学的なちがいによるだけでなく、異なる歴史の歩みによっても生まれたものである。

そのことはすでに数百年も前に国学者たちが見抜いており、「漢意《からごころ》（唐心）」と「和魂《にぎみたま》（和心）」がいかにちがうかと喝破している。もっとも根本的なちがいはその行動原理だ。日本人は「真偽正邪」にこだわるが、中韓など中華の国では「勝敗損得」しか頭にない。勝てばすべて自分のものという思考である。

確かに領土とは近代国民国家の時代になってから生まれた意識である。だが、領土問題については、法や理や史よりも、力によって決められることを見逃してはならぬ。日本が中韓との領土問題に対するとき、この視点を忘れてはならない。

本書では問題の原点となる日本と中韓の行動原理のちがいを明らかにしつつ、現在緊張が高まる領土問題の本質に迫ろうと試みた。ご一読いただければ幸いである。

２０１３年５月

黄文雄《こうぶんゆう》

日中韓が主張する海上境界線

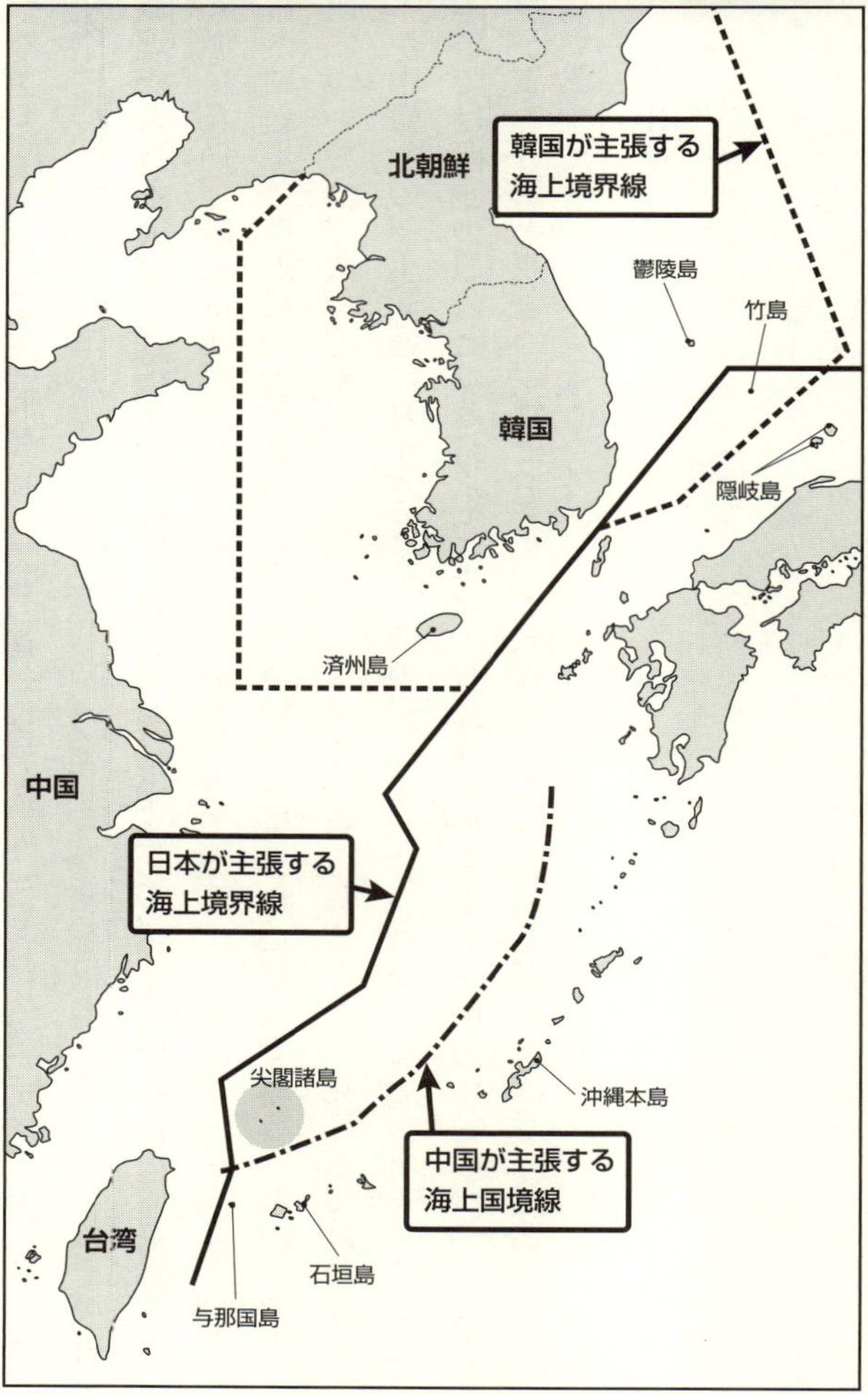

だから日本人は騙《だま》される●◎●もくじ

第1章　尖閣諸島をめぐる日中の真実

第2章　竹島問題を韓国が解決できない理由

第3章　だから日本人は騙《だま》される

第4章　今こそ「虚構の歴史」を打ち砕け！

第1章

尖閣諸島をめぐる日中の真実

□ 条約をも書き換える強盗国家中国 □

「日本が尖閣を盗んだ」

と中国外相が国連で発言したことに驚き、憤慨する日本人は多い。私からすれば「またか」という感想しかないが、「泥棒が人を泥棒呼ばわりする」と解釈すれば納得する人もいるだろう。

「盗んだ」という中国人特有の言語表現は、尖閣にかぎらず日常的な用語としてよく耳にするもので、あまり違和感を感じないほど、中国人がよく発する「当たり前」の表現である。

たとえば、台湾に関しては、日清戦争後に結ばれた下関条約の第1条第2項に「日本に永久割譲したもの」と明文化されているにもかかわらず、中国の教科書では歴史に基づかずに「日本が盗んだ」と教えている。

対外的には、カイロ宣言（公報）の草案にまで「日本が盗んだ」と書き、下関条約

第1条の「朝鮮独立」の条約記述には、「日本の支配下におく」と勝手に条約まで書き換えている著書もある。

沖縄は、中国のものだとして「琉球回収」を主張し、アメリカについても、遅浩田《ちこうでん》国防大臣（当時）が「アメリカは中国人が発見したもの。アメリカを回収するにはBC兵器（生物化学兵器）が有効だ」と中国語的表現を連発し、ひんしゅくを買った。それが、中国語の修辞学的表語法であり、中国語の世界でのみ通用するものだ。郷がちがえば、風俗・習慣もちがうと考えればよい。

そもそも中国社会は、強盗社会だった。古代から強盗が跳梁跋扈《ちょうりょうばっこ》し、社会の主役になることも多々あった。中国の社会構造は、都市と農村以外には江湖《こうこ》の世界（ならず者の社会）という三重構造になっている。『水滸伝』の梁山泊《りょうざんぱく》は江湖社会のモデルのひとつでもある。

有史以前から近現代に至っても、その社会はつづいている。20世紀に入っても、「賊《ぞく》のいない山はなく、匪《ひ》（強盗）のいない湖はない」といわれるほどの匪賊《ひぞく》国家だった。中華民国の時代には約2000万人の匪賊がいたと推定され、その数は北京、南京など各政府を合わせた正規軍の約10倍に上る。このため中華民国は、「中禍匪国」「匪賊共和国」などと西洋から呼ばれたのである。

なぜ「魏志倭人伝《ぎしわじんでん》」と『隋書《ずいしょ》』「東夷伝《とういでん》」に、日本人について「盗みをしない」と特筆されているのか。それは中国では考えられない「盗みをしない」人種に対する驚きからだ。

さらに、「強盗国家」の「国盗り」を正当化する理論が「易姓革命《えきせい》」である。徳ある有徳者が天命を受け真命天子となって、徳の衰えた無道の天子に代わって天下に君臨することの正当性を主張する理論である。

日本でもことわざになっている「盗人にも三分の理」は、『荘子《そうし》』の「盗跖篇《とうせき》」に由来するもので、荘子によれば盗人にも「盗聖」があるという。盗人が盗人の仁義道徳を積めば「聖人」にもなると説いている。孔子の儒教思想に対するアンチテーゼだ。

中国の国家存立を支える2つのテコ

中国の国家原理とは、「戦争立国」である。いわゆる「馬上天下を取る」論理だが、それだけで国を守れるわけではない。

唐《から》の太宗《たいそう》は、「国を治めることは国を開くことよりもむずかしい」、つまり「建国以上に国を統治することはむずかしいことだ」といった。

20世紀における中国の国づくりを見ても、そのむずかしさがわかる。たとえば、清帝国が倒れた後も中華民国は約39年にもわたって、南北政府の対立から3政府、さらに多政府が乱立、軍閥乱戦、国民党内戦、国共内戦と史上空前のカオス状態がつづく。

帝国から民国、さらに共和国になっても、毛沢東時代も運動と改革をくりかえし、文革といわれる動乱の10年（十年酷劫）がつづき、経済、政治、党まで崩壊してしまっている。

では、軍だけでこの国を支えていたのかというと、そうではない。この国の存在を支えるものとして内外ともに認められているのは、いわゆる「両桿子《りょうかんし》」（二つのテコ）である。軍がいわゆる「鎗《そう》（槍）桿子」。筆がいわゆる「筆桿子」、つまりペンでの言論統制である。

この「筆桿子」を中国語で表現すると「騙（だます）」で、人民の間では次のような諧謔《かいぎゃく》が流布している。

人民日報騙人民（人民日報は人民を騙す）
解放軍報騙軍人（解放軍報は軍人を騙す）
北京日報騙北京（北京日報は北京市民を騙す）
光明日報不光明（光明日報は光明ではない）

人を騙すのは、マスメディアだけではない。「すべてが嘘、真実は詐欺師だけ」ということわざが象徴するように、中国では官も民も嘘をつくのが当たり前である。

写真偽造まで専業化している。たとえば、中国側が南京大虐殺の根拠とする「写真」については、日本南京学会が3人で3年かけて2万枚にのぼる写真を検証した結果、関係あるものは1枚も存在しないことがわかった。

偽造写真でもっとも有名なのは、毛沢東健在を誇示しようと、人民日報に掲載された「毛沢東の長江水泳の写真」である。偽造写真だと見破られたのは、波と逆方向に泳いでいるのと、キャプションに書かれたスピードがオリンピック記録の倍という信じられない杜撰《ずさん》さでばれた。

「人民日報」について真実なのは、四文字の紙名だけと指摘されている。内容だけでなく、年月日まで疑わしい。

2000年以上も昔、始皇帝《しこうてい》以前の先秦《せんしん》時代には「百家争鳴《ひゃっかそうめい》、百花斉放《ひゃっかせいほう》」といわれる言論思想の自由な時代もあった。だが、秦始皇帝の焚書坑儒《ふんしょこうじゅ》（儒家に対する思想言論弾圧）、漢の武帝の百家排斥、儒家独尊など歴代王朝による文字獄（言論統制）は、時代とともにきびしくなり、科学技術が発達した現代も言論統制がきびしくなる一方である。

今日のネット時代では、検閲を行なうネット警察が30万人にものぼり、ネット上へ書き込まれる内容などに常に目を光らせている。中国は国内にだけではなく、外国にも言論統制を強く要求している。日本メディアの中国報道では自己規制だけではなく、中国からますます強まっている現場指導と監視の影響が大きい。日本の言論の自由をいかにして中国の規制から守るかも一大課題となっている。

◻ 嘘つきしか生き残れない中国人社会 ◻

日本には「嘘つきは泥棒のはじまり」ということわざがある。日本では嘘つきが嫌われ、泥棒はもっと嫌われるのだ。嘘をつかない日本人の実直な性格は、すでに神話の時代からつづくものである。「清き明き心」が重んじられ、「誠」からさらに「至誠《しせい》（まごころ）」が尊《とうと》ばれる社会なので、嘘つきが日本社会で暮らしていくのは大変である。誰も相手にしてくれないからだ。

私はよく「日本人と中国人の一番のちがいは何か」と聞かれるが、そんなとき、躊《ちゅう》躇《ちょ》なく「『誠』と『詐』の一字だけのちがいだ」と即答する。このちがいさえ知っていれば、中国を知るには充分である。

前述したように、中国のことわざにも、「すべてが嘘、真実は詐欺師だけ」というのがある。人民共和国の時代になってすべてが嘘になったわけではなく、古来嘘つきの国なのである。

中国の学者の何清漣《かせいれん》が著した『中国の嘘』（扶桑社）は、日本でもよく読まれている。ここに取り上げられているのは、主に政治的な嘘の話である。しかし、日本人にとっては「中国の嘘」よりも「嘘の中国」と考えたほうが、中国の本当の正体を理解しやすい。

中国人が嘘つきなのは、それはただ体制にとって嘘が欠かせないだけではなく、昔から文化・風土そのものが嘘つきしか生き残れない土壌であるからだ。

そもそも昔から、中国は人間不信の社会であり、『韓非子《かんぴし》』は人間不信の学として説いたもので、『戦国策』もそうした嘘つきと人間不信を説く実例集ともいえる。

中国の兵法書は「孫呉《そんご》兵法」をはじめ、「兵法七書」として有名だが、日本で兵法書が出たのは、中国に遅れること２０００年の後の戦国時代である。中国の孫呉兵法はもっぱら「詐」を説くものが主であるのに対し、代表的な日本の兵法書である宮本武蔵の『五輪書』は、日本の武士道とは「誠」や「至誠」であると説き、「詐」とはまったく反対の考えである。

日本人と中国人がなぜここまでちがうのか、あるいは対極的なのかというと、それは自然と社会のしくみから生まれた文化・文明のちがいからくるものだ。

日本人はなぜ世界一長寿なのか。理由は多々あるが、そのひとつとして「嘘をついてはならない」ことを生き様としているからではないだろうか。

禅宗の名僧夢窓疎石《むそうそせき》は「長生きしようと思ったら、嘘をつくな」と言っている。嘘をつくと嘘がばれないかとあれこれ気を遣い、鬱々《うつうつ》とした気持ちがまとわりつく。それが命を短くするというわけだろう。

日本は、嘘つきが嫌われる社会なので「どっちが嘘つきか」を非常に気にするが、中国人はすべて嘘で生きているので、「どっちが嘘つきか」よりも、どうすれば相手に「勝つか」ということを考えているのである。

◎日本人中国学者さえも騙される!?◎

カント、マックス・ウェバーからモンテスキュー、ルソーに至るまで、西洋の哲学者や社会学者、法学者らは、中国人について「嘘つき」の国民性をとりあげる者が多い。アーサー・スミスをはじめとする中国国民性についての研究者はみな、「嘘つき」「虚言」という性格をとりあげている。

それは西洋人がかつて抱いていた中国観かというとそうではなく、竹のカーテン（共産党国家と反共産主義国家の境界）が開かれ、外国からの観光客が増えている近年でも同様の感想が聞かれる。

「1週間の中国滞在中に耳にした嘘の話は、西洋で1年間に聞く嘘の話より多い」という西洋人観光客の感想は多い。中国が外国人に与える印象でもっとも強いものは、なんといっても「嘘」というイメージだ。

日本でも、「中国人は嘘つきが多い、よこしまだ」ということについては、江戸時代の国学者たちの著書にすでに特記されていた。

中国は古代から偽書が多く、最初の書物といわれる「尚書《しょうしょ》」（書経）についてはすでに2000年も前から古文か今文かの真偽をめぐる論争があった。ことに清の時代以後、「考証学《こうしょうがく》」「弁偽学《べんぎがく》」が盛んに行なわれ、多くの偽史、偽書が明らかになった。

私自身、小中学生のころから学校では嘘しか教えていないことは知っていた。マスメディアは「人を騙すためにある」というのは、両親がよく口にしていたことだ。

たとえば、中国政府が発表した台湾や尖閣についての主張や「白書」というものについて、引用する日本の言論人は多い。

私が彼らに、「あなたは原文を読みましたか」と確認するのは別に嫌がらせではない。中国政府が出した史料は、たいてい拡大解釈や断章取義《だんしょうしゅぎ》したもの、あるいは白を黒と言い張り、「偽造」した文書が多いからだ。

台湾では「中国学とは何か」はよく知られているので、学者の90％以上が欧米の理工科系を専攻し、中国学については今昔を問わず一顧だにしなかった。

中国の古典、諸子百家《しょしひゃっか》については、日本の中国古典学者は自家薬籠《やくろう》中の学として自画自讃する者も少なくない。

しかし、諸子百家の学というのは、ただの「目的方法論」に属するもので、中国がはじめて認識論に関心をもちはじめたのは、宋以後に仏教の影響から生まれた理・気の学がはじまりである。

たとえば、空海の「十住心論《じゅうじゅうしんろん》」では、儒家思想を第二住心、老荘思想を第三住心とし、人間の精神・思想史の発展の中では動物の上という程度にしか評価していない。

日本人にとってもっとも幸運なことは、遣隋・遣唐使の時代は約４００年間の六朝時代に当たり、儒教が中華の大地から消え、仏教全盛期の時代だったことである。江戸時代になって朱子学が国学に近い地位を獲得しても、独尊《どくそん》（自分だけが他の誰よりもすぐれて尊いこと）までには至らなかった。

儒教が日本の風土に定着しなかったことについて、津田左右吉《つだそうきち》博士は克明に分析している。私の大学時代には、多くの中国学者が自分の中国についての研究で恥をかいたためか、良心の呵責によるためか、やめていく者もいた。

中国の学というのは、人の数倍か数十倍の資料を読み込まなければならない努力と苦労のうえに、真偽を見極める洞察力も必要で、場合によっては権力に屈して真理を曲げなければいけないこともある。さらに、中国政府による忠誠心のテストを受け、魂を売らなければならない場合も多い。

語学の学者もしかりで、同様に特別な存在である。中国政府は、ただの学問としての研究は決して許さないからだ。そして利用価値がなくなると、その学者としての生命はそれでおしまいになる。

台湾の学者はよく、「同流合汚《トンリューホーユー》」が学者に必要不可欠な条件だと言う。同流合汚とは、一緒に汚水に浸ることである。

◻日中友好の解釈権は日本にはない◻

日本は、欧米との関係が近隣諸国ほど悪くはなく、交流・交遊がきわめてスムースである。別に「友好」などとことさらに強調する必要もない。

しかし、中国との交遊に限っては「友好」と口にしなければならない。中国という国は何かしら「友好」「友好」と口にしたがる。

中国と周辺諸国との関係は、決して中国外務省（外交部）がいうほど「兄弟の邦」「長年の友好関係」ばかりではない。むしろ敵対的で、戦争、紛争も絶えない。それなのに中国外務省出版局が発行する諸国関係書籍には「友好」の文字しかない。

日中国交樹立の1970年代まで、日中の交流はほとんどが「友好人士」や「友好商社」に限定されていた。やがてこれら「友好」人士も、商社も、中国の計算と都合によって切り捨てられていく。

もちろん「井戸を掘った」恩人も例外ではない。

日中の「友好」交流は、政治・経済にかぎらず、文化（芸能・スポーツ）に至るまで「友好」についての解釈権はすべて中国にある、というのが最大の原則だ。中国が「非友好」だと定義解釈すれば「非友好」となる。

中国側の「友好」についての解釈権には、別に原則や法則といった一定の規準は存在しない。中華思想と一方的な都合主義によって、ころころと変わっていくものであるからだ。

それは政治の場に限らず、ビジネスの場もそうである。中国の豹変ぶりについていけず、ノイローゼになった日本人ビジネスマンのケースも少なくない。日本人に図太さが足りないといえばそれまでなのだが。

このような都合主義は、すでに古代中国人にもみられる。たとえば、聖人といわれる孟子《もうし》もよく話を変える。門徒衆が「先生のお話は、今日と昨日はまったくちがうではありませんか」と質問すると、孟子は「此一時也、彼一時也」（あのときはあのとき、このときはこのとき）と答える。つまり、時と場所によって状況が変わったのだと詭《き》弁《べん》を弄《ろう》している。

中国人は、孤立に追いこまれてはじめて「友好」をほしがる性質がある。

そもそも自己中心的な性格が強く、しかも人間不信の社会だから、口で「友好」「友好」と言わなければやっていけないのだ。

だが、中国人にとっての「友好」とは、その解釈権はあくまでも自分にあるとしか考えない。中国に「これが正しい歴史認識だ」と押しつけられて、「ハイハイ」と受けとめなかったら、それは非友好だ。

「靖国神社は軍国神社で、邪教だ。参拝するな」といえば、日本の総理たる者でさえ、中国の参拝許可が下りないかぎり参拝できないと考えるのが常だ。

言論についても、中国について中国政府が認知しないことを日本のメディアが伝えるのは非友好と解釈され、さらに日本政府に対してマスコミを規制するよう要求し、規制しなければ非友好だと非難する。

また、中国が憎悪する台湾の李登輝《りとうき》元総統、チベットのダライ・ラマ14世、世界ウイグル会議のラビア・カーディル議長の日本入国を許可してはならないと、内政干渉を行なう。日本政府が彼らを勝手に入国させたら、「非友好、責任はすべて日本にある」と糾弾する。

これが、中国のいう「友好」の定義解釈である。

中華グローバリズムの限界

1989年の6・4天安門事件を経て90年代、中国は江沢民の時代に入る。3代目の社会主義政権は「民族主義、愛国主義、中華振興」を国是国策に掲げ、社会主義体制の最終防衛に成功し生き残った。

毛沢東時代の自力更生の人民共和国と、以後の改革開放という他力本願の人民共和国とでは、「政体」は変わっている。党・政・軍の幹部を除く一般民衆にとっては同一体制の「政体」とはいえず、時間軸からいえばさながら「一国両制」である。

ソ連はなぜ崩壊したのか。ノーベル賞を受賞した有名なロシア人作家ソルジェニーツィンは、「階級をもってきても宗教と民族に勝てなかったからだ」という。

中国史を見た場合、中華民国以前には、革命派の大漢民族主義と維新派の大中華民族主義が対立していた（詳細は拙著『文明の自殺』集英社）。だが、中華民国が成立すると、大漢民族主義は大中華民族主義に勝てなかった。人民共和国の時代に入ると、

「平等」のほか「世界革命、人類解放、国家死滅」のマルクス・レーニン主義、毛沢東思想の理念を掲げ、民族問題については大漢民族主義にも地方民族（非漢族）主義にも反対したものの、大中華民族を創出することはできなかった。

毛沢東時代の社会主義建設運動は、いくら努力しても成功しなかった。ソ連も東欧も成功せず、崩壊した。

中国がマルクス主義に対する信念の危機をはじめとする社会主義体制の危機の中で、それに代わり「民族主義、愛国主義、中華振興」の理念に先祖返りせざるをえなかったのは、100年経っても中華民族を育てることができなかった挫折があったからである。

たしかに近代国民国家の時代になると、民族主義は大きな時代の潮流となった。単一民族の性格が強い日本とはちがって、中国をはじめとする戦後アジアの新興国家のほとんどが多民族国家である。中国とベトナムは50以上の民族を抱え、ミャンマーは100以上、フィリピンはさらに多く、インドネシア、インドはもっと多くの民族がいる。

ここ1世紀来の長い時間をかけても、中国はいまだに中華民族という「幻の民族」の創出に成功していない。中国は、数千年にわたって王化、徳化、華化、漢民族への同化力が無辺《むへん》になされてきたと自画自賛しているが、今もなお55以上の非漢族が存在していること自体が、中華グローバリズムの限界を何よりも物語っている。

中華グローバリズムのコアは華夷《かい》思想である。文明開化した華人以外のすべての民族は未開の夷狄《いてき》、すなわち人間ではないとする思想である。儒学者王夫之《おうふうし》が「夷狄はいくら殺しても不仁《ふじん》（慈悲の心がない）とはいわず、いくら騙しても不義不信とはいわない」と言っているように、夷狄は禽獣視《きんじゅう》（道徳や恩を知らない人）され、仁義道徳とはあくまでも人間にしか通用しないものだという主張は、中国人の間ではごく一般的だ。

一方、世俗化した中華文明は精神的にも文化的にも、少数民族にとってそれほどの魅力はない。ことに宗教心の強いチベット人やウイグル人にとってはなおさらである。それは近現代からのことではなく、すでに唐以後には、中華文明は拡散力も魅力もなくなっている。だから日本をはじめとする漢人以外の中世の環中華世界の諸民族は、競って独自の文字を創出し、独自の文化を強調しはじめたのだ。

◻「支那」禁用を強いる真の目的◻

戦後、日本では「支那」は死語になっただけでなく、タブー用語とされ、今でも言葉狩りがつづいている。それは、「『中国』という国名があるのに、日本人が中国人を侮蔑するためにわざわざ『支那』という侮蔑語をつくった」と主張する中国政府に配慮してのことである。

こうした主張を中国領事館の役人が、日本のテレビで公言しているが、これは真っ赤な嘘である。

「支那」という言葉は、唐僧が天竺から持ち帰った仏経からの漢訳語で、唐の時代に当の中国ですでに使われていたものだ。それが日本にも伝わり、1200年前の空海の『性霊集』や『今昔物語集』だけではなく、『東大寺要録』（1106年）の中にもみられる。すでにはるか昔から中国大陸の通称として使われてきた。

そもそも中国は天下であって国家ではなかったので、20世紀に入ってから、中国の文化人の間で、フランスやイギリス、日本のように国名をもとうといった気運が生まれた。国名がなかったということは、当時の代表的な知識人である梁啓超《りょうけいちょう》の『飲氷室文集』にも書いてある。

ではいったいどういう国名をつければよいかについては、「大夏《たいか》」「華夏《かか》」「中華」といった案が維新派、革命派、無政府主義派から出され、各派の活動家が喧々諤々《けんけんがくがく》の国名論争をつづけていた。

たとえば、革命同盟会の志士徐錫麟《じょしゃくりん》らが安徽《あんき》起義《きぎ》を蜂起したとき掲げていた旗幟は、「新中華帝国」の国名だった。「中華民国」の名はいったい誰が名づけたかについては、革命派のリーダーで「革命三尊」のひとりとも呼ばれる「国学大師」の章炳麟《しょうへいりん》が名づけの親という説もある。しかし、辛亥革命後、立憲派のリーダー張謇《ちょうけん》らが主導権を握っていた各省の諮議《しぎ》局（省議会）でも使用しており、明らかではない。

やがて中華民国の臨時政府（革命政府）が成立した後も、「支那革命」を支持する日本人はなおも慣習にしたがって「支那共和国」と呼び、国家承認を得るため支持勢力を結集していた。

20世紀に入ってからも、革命、維新各派を問わず、梁啓超、孫文、宋教仁《そうきょうじん》、胡適《こてき》などの知識人は「支那」の呼称を愛用していた。有名な女革命志士の秋瑾《しゅうきん》の詞には「支那第一女」と誇らしげに謳い、孫文の秘書もつとめた詞人の柳亜子《りゅうあし》の詞では、孫文と毛沢東を「支那両列寧（支那の2人のレーニン）」と礼賛しているのだ。

「支那の代わりに中国と呼べ」と強要することで、中華思想から生まれたとの自尊心を満喫できるだけではない。中国は北方民族に征服され、幾度も亡国した経験がある。中国と呼ばれることで、中国は永久不滅であるという嘘のイメージを保つことができるのである。

モンゴル人やチベット人、そしてウイグル人といった非漢族を支那人と呼ぶ日本人はいないし、彼らが支那人であるなどとは連想もしない。だから、中国は支那の呼称を避けたがるのだ。チベット人も、ウイグル人も、モンゴル人も、みなひっくるめて、支那人よりも中国人と公称するほうが、諸民族を強制統合したことを正当化するのに都合がよく、自分たちの悪行をごまかすことができるからである。

公民としての「国民」という意識も呼称もない人民中国にとっては、「人民」しか存在しない。「人民」はさらに「人民」と「反人民」に二分され、「反人民」は改造されてはじめて「人民」となる資格をもつというのが、革命中国の「人民」概念である。

「支那人」という言葉を使用禁止にした目的は、非漢族を中国人として強制統合していることをごまかす以外には、世界に中華思想を強制的に認めさせようとの優越感も潜んでいる。

◻常軌を逸した中国領土拡大の主張◻

戦後、世界中の植民地が次から次へと独立し、帝国列強の領土が縮小されたのに対し、反対に領土を拡大したのは、ロシア・ソ連と中国の2大植民地帝国のみと指摘されている。20世紀末にはソ連が崩壊したので、最後に残る最大の植民地帝国は中国のみとなった。

そういう見方もあるが、じっさいは20世紀初頭にロシア帝国、オスマントルコ帝国といった「世界帝国」が崩壊したのと同時期に、中国でも清帝国が崩壊した。

終戦後、すぐ国共内戦が再燃し、結果的には国民党の中華民国が敗れ、勝った共産党が中華人民共和国を樹立した。

清帝国の崩壊後、帝国遺産の相続をめぐって中華民国では政府が乱立し、各武装勢力がそれぞれ政府をつくったものの、清帝国のすべての遺産を相続するには至らなかった。

世界のすべてではなくても、かつての中華帝国時代の天朝朝貢秩序下の国々は、中国人になりたがると中国人は思っていた。もし中国が強くなれば競って中国人になるだろうと思い込み、私の小中学生時代にもそう教えられた。だが、戦後しばらく経ってから中華民国は消え、代わりに中華人民共和国になった。

中華人民共和国は、建国早々から「世界革命、人類解放、国家死滅」の夢があったので、領土拡大よりも夢の実現に夢中になったことが想像できる。朝鮮戦争やベトナム戦争への参戦も、その目的は領土よりも「解放」にあったと思われた。

だが、現実には中ソ、中越の領土紛争が起こった。中国は「国家死滅」の夢から醒め、再び「中華民族、中華振興」という帝国の夢に代わった。

時も世も変わったからだ。

北は満州、モンゴル、ウイグル、チベットに至るまで古代の「辺境」の地を絶対に手放せないのには、さまざまな理由がある。

まず地政学的には、国防上の理由というほかに豊富な地下資源があるからだ。

たとえば、中国の大地はますます干あがり、河川も湖沢《こたく》も深刻な水汚染に侵されている。21世紀の中国の生存を支える水資源は、チベット高原の地下水しか残っていない。だから移民との同化が生存の策として欠かせないのである。

中国の「固有の領土」の主張は、常軌を逸している。毛沢東が編纂《へんさん》したという学校の補助教材、『中国地理小史』には、中国と朝貢《ちょうこう》・冊封《さくほう》の関係にあったとする沖縄について、19世紀に帝国主義に奪われた中国固有の領土としている。蔣介石の著とされる『蘇俄侵華史』(ソ連中国侵略史)には、シベリアをはじめ中央アジアまでソ連に奪われた固有の領土だと記されている。この本は私の高校時代に必修の歴史補助教材であった。

一方、同時代の南ベトナムの高校の歴史教材にも、『中国のベトナム侵略史』があった。揚子江以南の百越《ひゃくえつ》の地は、中国に侵略されたベトナム固有の領土だと主張している。漢の時代の大越国の首都は、今現在の広州にあった。周恩来もかつて日本の国会議員の田英夫に「将来、海南島《かいなんとう》はベトナムに返還する」と語ったことがある。

じっさい中国は今でも「中華振興」をめざして、領土拡大を目論んでいる。ことにソ連が崩壊した後は、シベリアまで手をのばせなくても、2011年から中央アジアのタジキスタンからパミール高原の約1000平方キロの土地をじょじょに前進、実効支配し、すでにブータンの国土を18%も侵略している。

インドは、ジャンムー・カシミール州、アルナーチャル・プラデーシュ州の領有権をめぐって領土紛争をつづけている。インドとパキスタンとの領土紛争につけこんで、現在中国軍の占領下にあるアリサイ、チン地域のインド人住民は、中国政府によって強制的に「中国人」にされている。

中国が公言する「古典に書いてある」の嘘

中国政府の公文書にかぎらず中国人学者の論文に至るまで、言っていること書いていることには、孫引《まごび》きや嘘が多い。それなのに、すぐ相手の言うことを信じてしまう日本人が多い。

台湾では学校教育の嘘から政府の嘘に至るまで、日常生活の中でこれらの嘘はすでに常識となっているので、刑事でなくても裏づけや原文チェックをすることが習慣になっている。ことに領土問題をめぐる歴史主張は、無理が多いというよりも嘘が多い。「古典に書いてあるから」といって中国が「主張」の根拠とするもののうち、最低以下の数点について、私は日本人学者や文化人に確認と検証を行なうことを強くすすめる。

（1）『詩経』には「天下王土に非ざるものなし」と書いてある。だから世界は中国のものだ

かりにそう書いてあることが事実でも、当時世界が中国のものであったことの「証明」にはならない。単なる古代中国人の主観だけであって、中国人以外が認めるかどうかは別問題である。いくら中国の古典に、中国の「もの」だと書いていても、それはただ中国の自己主張に過ぎず、歴史的論拠と見るべきではない。

（2）18〜19世紀、乾隆《けんりゅう》時代に書かれた『皇清《こうしん》職貢《しょっこう》図《ず》』（1761年）や『嘉慶《かけい》法典』（1818年）には、イギリス、オランダ、スペイン、ポルトガル、バチカン法王庁まで朝貢国だと書いてある

遣唐使中止以後に中国歴代王朝が日本に送った国書には「封国王」（国王

に封じる）「任将軍」（将軍に任命する）と書かれている（室町の足利義満将軍は受け入れたという説もある）が、あくまでも中国政府の一方的な思い込みに過ぎない。自分たちがそう書いたからといって、イギリスや日本が中国の属国（朝貢国）であったとすることはできない。

（3）沖縄は琉球時代に中国と朝貢貿易をしたことがあった

それはあくまでも過去のことであって、朝鮮や越南と同様にかつて中国の朝貢国だったからという理由で韓国・北朝鮮やベトナムを「回収する」という主張は非現実的である。同様の理由により、「琉球」を中国が回収できる論拠にはならない。

（4）尖閣が中国の領土だと裏付ける漢文資料は皆無

ここ40年近くの間に、台湾では修士論文や博士論文に尖閣の研究をとりあげる風潮がますます増えており、筆者は論文審査のため引用原典のチェックをよく頼まれる。漢文関係の古典は約60点にものぼるが、その中でひとつとして尖閣が中国固有の領土であると明記したものはない。馬英九《ばえいきゅう》台湾総統のハーバード大学時代の尖閣についての博士論文は、スペルのまちがいだけでもが1000以上あるというお粗末なもので、博士号の授与は不当だとハーバード大学に抗議するネット世代も出ている。

(5) 中国が尖閣を先に発見したという主張

中国は、尖閣が中国固有の領土である論拠として、『順風相送』(1403年)や『使琉球録』(1534年)など数多くの古典をもち出して、中国が先に発見し命名したものだと主張している。ただ明船が近海を通ったという記述があるだけで、いかなる古典も中国のものと書いていない。かりに中国が先に「発見」したにしても「領有」とは関係なく、600年前から「実効支配」しているとの論拠にはならない。「文献に島の名前が出ている」のはただ書いてあるに過ぎず、「領有」の根拠にはならない。

(6) 古地図と古文書の信憑性

問題は、尖閣諸島や琉球らしきものが書かれているその文献について、正史か法典か野史か雑記、紀行、奉使録、小説、詩詞かあるいは神話かを判別する必要がある。古地図や古文書に書かれていても、その「信憑性」を問う必要もある。

かりに尖閣が一時的に中国歴代王朝の版図に入ったことがあったとしても、中国は何度も亡国している。書いてあるものすべてが今もなお「中国の絶対不可分な神聖なる固有の領土」であると主張することはできない。近年になってやっと日本の100年以上の実効支配に対抗するために、しきりに「新説」を持ち出している。ましてや「600年前から実効支配している」という主張には何の根拠もない。

(7) 井上清の『「尖閣」列島』(第三書館)の漢訳本を根拠

井上清・元京大教授の『「尖閣」列島』は、その内容がまちがいだらけで完膚なきまでに論破されている。中国の外務省は今でも、台湾で出版された同書の漢訳本を論拠としている。中国政府が2012年9月25日にやっと出した『釣魚島《ちょうぎょとう》白書』は、かつての『台湾白書』同様、嘘だらけのもので、逆に中国政府は嘘のかたまりであることを世に知らしめた。

「ほしい！　だからさっさと釣魚島をよこせ！」とまでは言えないので、中国もいろいろと苦労して嘘をつかなければならない。

私は小学生のころからずっと中国人のやり方を見てきたので、そう考える。こうした卑しい泥棒根性をもつ中国人に比べ、日本人は日本人に生まれてきて幸せだと、神さまや仏さまに感謝しなければならない。

中国は、チベット人やウイグル人、モンゴル人に対して、そういう必要はまったくなく、嘘をいう必要もない。「いうとおりにしろ」との恫喝一言ですむことだ。

◻ばれた偽の「西太后詔書」◻

70年代以来、中国の尖閣領有の不動の歴史証拠だとする「西太后が盛宣懐《せいせんかん》に釣魚台を下賜《かし》した詔書《しょうしょ》」が見つかったとメディアで騒がれたが、まもなく偽物であると見破られた。この偽詔書はすでに1997年11月号の『歴史』月刊で虞正華《ぐせいか》氏の考証によって偽物であることが証明された。それ以後も多くの学者によって完膚なきまでに論破されている。

この「偽詔書」の流布については、2010年10月27日に、台湾の国会に当たる立法院で民進党の陳亭妃《ちんていひ》議員が質問し、偽詔書であることが明らかにされた。保釣運動出身の馬英九政府もこれを「尖閣主権」主張の論拠にしないことを約束した。だから台湾では、この「偽詔書」を今もなおテレビや活字で尖閣主権の論拠にする学者や言論人を「弱智」（うすらバカ）などと呼ぶ。日本でも今なお台湾で言う「うすらバカ」の言論人がいる。

では「西太后の詔書」は、なぜ偽物だとすぐ見破られたのだろうか。それは、「創作者」があまり歴史を知らないからという一言につきる。だから荒唐無稽の偽詔書が出たのだ。以下が偽物であると見破られた理由である。

（1）詔書の格式によれば、詔書の最後に「欽此《きんし》」の二字があるのはあり得ない。

格式もまちがっている。

(2)清朝の使用文字は、南京条約以前は満蒙《まんもう》文字かラテン語、南京条約以後からも漢文付記であり、「詔書」のような漢文の単独使用はあり得ない。

(3)印璽《いんじ》が「慈禧太后之寶」となっているが、当時の印璽は漢字のみのものは存在しない。ほとんどが漢満両文併記である。

(4)同時代の公文書の記録に、この「西太后の詔書」というものは存在しない。

(5)光緒《こうしょ》19(1893年)年の盛宣懐の官職は「太常寺少卿」であり、偽詔書にある「太常寺正卿」ではない。盛が「太常寺少卿」に任官されたのは、その3年後の1896年である。

(6)清代に土地を下賜する例はない。

(7)そもそも「詔書」というのは、皇帝しか出すことができない。

(8)『清史稿』『清実録』には、「西太后が釣魚台を盛宣懐に下賜する」記録は存在しない。

以上のような偽文書の駄作は、古代から多く発見されている。偽作者があまり学がないためにすぐ見破られることも多い。

「西太后の詔書」をメディアに売り出したのは、辛亥革命の元凶とされる盛宣懐の4番目の息子とアメリカ女性との私生児だと自称する盛毓真《せいいくしん》、「徐逸《じょいつ》」という女性である。清末の李鴻章の右腕とされた実業家の盛宣懐は、袁世凱と孫文に天敵とみなされ、革命後日本に亡命している。

盛の嫡孫である盛毓郵《せいいくゆう》は、「西太后の詔書」という話を聞いたことがなかった。盛毓真（徐逸）という身元不詳の妹も知らず、彼女について盛家の恥だとまでメディアに語ったこともある。

徐逸はすでに台湾で亡くなったが、もし生きていたら、どう笑われるか見当がつかない。政商盛宣懐一家の子孫たちにとっては、西太后の「偽詔」騒ぎは大迷惑な話だ。

◻白を黒という中国「白書」の正しい読解法◻

長らく中国人の統治下にあった台湾人から見た中国人は、日本人にも、さらに中国人自身でさえもわからない中国人特有の性格を知り尽くしている。

もっとも簡潔な一言で言えば、私は躊躇なく「考えていることと、言っていることと、やっていることがちがう」と答える。アメリカの中国学大家フェアバンク（中国名・費正清）の元ハーバード大教授のより上品な表現を借りれば、「建前と本音を分け、建前だけを口にする。日常生活でも80％以上が戦略的思考で生きている」ということだ。純と誠一筋で生きてきた日本人からすると、中国人は「原則を重んじる」民族だと見えることも多い。だが、台湾人の眼からすれば、それはただ「自己中」に我執しているだけだと見える。台湾人が中国人に対してもつ視点は、日本にも中国にもないもので、私はこれを「第三の眼」と呼ぶ。

こうした中国人特有のビヘイビア（ふるまいや言動）が反映された台湾の教育やメ

ディアは、「白を黒という」でたらめなものだと考えている。これが台湾人から見た中国的な性格であり、「都是騙人的」（すべて人騙し）ともいわれる理由である。それは長い冷静な観察からくる「経験智」であり、日本で「後智恵」といわれるものだ。

では、なぜ台湾が日本や中国とは見る眼がちがうのかというと、その理由は「経験智」とは文明衝突と文化摩擦からしか体得できないことも多いからだ。

日本政府の官公庁は毎年数多くの「白書」を出し、「白書の白書」まである。私も長い間よく利用している。アメリカも昔からよく「白皮書」や「藍皮書」など「白書」といわれるものを出している。

文革の時代まで中国が考えていた国家機密の範囲は極めて広いもので、文革中にこんな笑い話まで出た。ある小学生が先生に「私の名前は国家機密かどうか。外人に漏らしてはいけないのか」と尋ねた。

しかし、あながち笑い話でもなく、誰でも知っていることを外国人記者に話して国家機密漏洩で逮捕された例もじっさいにあるし、日本人記者がレストランのメニューをメモして現行犯で連行されたこともある。

そのような時代を経ているため、改革開放後、中国もさまざまな「白書」を出すようになるのだが、その信憑性については疑わしいものが多いため、私は「逆観法」という見方をおすすめしている。これを実践した方々から、逆に見る、逆に読むのは正しいと評判も高い。それは中国人の「習性」は白を黒というからだ。ごく最近の「白書」の例を見てみよう。

中国政府は1993年8月に「台湾白書」を出し、8カ国語に翻訳して「台湾は古より中国の固有の領土である」と主張している。それから約20年後の2012年9月にも「尖閣白書」（『釣魚島は中国固有の領土である白書』）を発表し、歴史、地理、法理から尖閣は中国の固有の領土であると主張している。

「台湾白書」と「尖閣白書」に共通する点は、捏造と拡大解釈、断章取義など荒唐無稽な文書という一言につきる。どれほど荒唐無稽なものか、「台湾白書」などから主な中国的論理の二例を取り上げてみたい。

海島の領有をめぐる紛争で必ず取り上げられるものに、中国最古の書籍といわれる『尚書』（書経）「禹貢篇」に出てくる「島夷奔服」という4つの文字がある。「王の徳にしたがって島の夷狄は競って臣服した」という意味である。たったこの「四文字」だけを以て、学者の考証によればこの「島」とは台湾を指すという。いったいどこの研究機関の何という学者か、名も明記せずにただ「学者によれば」として、台湾は中国固有の領土だと示す歴史証拠と断じている。はるか3000年も前の書籍に出てくる四文字が、台湾が中国の絶対不可分の固有の領土であったとすることが歴史根拠になるなど、中国人以外には通用しない論理である。

そのたった四文字は、さらに南シナ海の島礁主権の論拠にもなる。春秋以前の中国人のホームランドは黄河中下流域の中原の域を出ない。はるか数千キロも離れた南方の島々、しかも「島夷」さえいない島のことなど知り得るはずもなかった。ことに赤道近くの南韓4度にある曾母暗砂《そうぼあんさ》は海面下の暗礁である。それでも領土主権の根拠として引用するのは、バカ学者か学者のバカとしか思えない。

また、『三国志』「呉志・孫権伝」に「将軍、衛温と諸葛直が『甲士万人』を夷洲、亶洲に送り、元住民約1000人を連れ帰った」、『随書』「東夷列伝」に隋の煬帝が将軍陳稜を琉球に攻め「男女数千人を連れ帰った」と記述されているのを引用して、台湾領有の主張としている。

白書は「島」だけでなく、「亶洲」も「夷洲」も「琉球」も「台湾」のことだと独断で決めつけて、「絶対不可分の固有の領土だ」と主張している。もし「海外遠征」と「強制連行」だけで「中国固有の領土だ」と主張できるなら、「日本は中国人と朝鮮人を強制連行した」という中韓の主張は、逆に「中国と朝鮮は日本の絶対不可分の固有の領土だ」と認める反証となる。

じっさい、中国が歴史古典を引用する際、拡大解釈だけでなく断章取義も多い。たとえば『随書』「東夷列伝」にある「男女数千人を軍船にて連れ帰った」との記述のすぐ後には、「自爾遂断」という記述がつづく。これは「連れ帰った後、つとに往来が途絶えた」という意味である。この4つの文字を隠して、以後中国は常に2万人を台湾に常駐して祖国を守っているという著書もある。

隋以後、中国は数度も易姓革命によって王朝が変わっただけでなく、亡国もした。歴史はそのまま止まるものではなく、絶えず移り変わるものだ。せっかく白書を作成してわざわざ外国語にまで翻訳したのに、その内容が中国の愚民しか頷けない嘘だらけであるのは決して聡明ではない。
「尖閣白書」が「中国が600年もの間実効支配してきた」という主張をし、世論戦に持ち込もうとしているが、これでは「中国は白を黒という国」だと自白する「白書」にもなろう。

尖閣は無人島である。明だけでなく、清の時代も海禁がつづいた。中国の歴史文化にはそもそも「海」に対する領有や主権の意識、領土観も存在しなかった。あるのはただ「天下の土地と民族はすべて中国の王のもの」という王土王民観だけであった。ましてや尖閣には「王民」となるべき島民もいなかった。

中国政府の「尖閣白書」は、『順風相送』『使琉球録』をはじめ『籌海図編』『坤輿全図』『皇朝中外一統輿図』、さらに林子平の『三国通覧図説』まで取り上げて、中国固有の領土であることの「歴史根拠」としている。

しかし、「白書」を含め、私がここ40年来、中国が尖閣主権の根拠とする60点に上る古典の原文を検証した結果は、せいぜい地名が書いてあるか、船がその近海を通ったというぐらいの記述しかない。

中国の「尖閣白書」に取り上げられた古文書は、逆に中国が有史以来、尖閣を領有していないことの反証にもなる。中国が尖閣を支配した、あるいは中国人が居住したという痕跡はほとんど存在しない。

中国政府発「台湾白書」も「尖閣白書」も、引用する古文書はほとんどが捏造やこじつけ、拡大解釈、断章取義、我田引水の代物でしかない。逆にこの2つの「白書」が証明したことは、台湾も尖閣も中国の「固有の領土」ではないことだった。

□これから「海の強国」をめざす中国□

地中海地域の民族や北欧のバイキング、イスラムの商人たちとはちがって、陸の民である中国人は海に縁がなく、遠い存在である海をずっと暗闇の世界として忌み嫌ってきた。そもそも「海」の字源は「黒」の同音語である。

数年前に中国は明の宦官・鄭和《ていわ》の南海遠航を大々的にたたえたが、それもまた忘れてしまった。そもそも中国の文化・文明には「海洋」の存在はなかった。シーランドの思考は、ほとんどなかったのである。

たしかに古代中国には、陸のシルクロードとともに海のシルクロードもあった。だが、インド洋から太平洋にまたがっての広漠な海洋はアジアの航海民族、マレーポリネシア系のホームランドだった。唐の時代に海から東来したのは、アラビアかイスラムの商人がほとんどだった。

明初めの鄭和ももともとイスラム教徒で、南海遠航の水先案内人を務めたのはメッカ巡礼者などもあった。イスラム教徒の海洋における活躍の延長という視点から歴史をみなければならない。

では、なぜ明初めの鄭和の遠航を最後に明の海洋進出は終わり、代わりに倭寇の逆襲を受け、「北虜南倭《ほくりょなんわ》」に悩みつづけるようになったのだろうか。

それはモンゴル人の海への進出が終焉したからと読むのが、真の歴史の読み方である。19世紀の列強の時代に、清も北洋艦隊と南洋艦隊をつくったものの、清仏戦争と日清戦争で消えてしまった。日米が太平洋にまたがって人類史上最大の海戦を展開しているころ、中国は重慶の揚子江艦隊という水軍しか持っていなかった。人民解放軍の海南島「解放」は、3000隻のジャンク船による島内ゲリラとの内外呼応で実現したが、海軍力は貧弱なままで中国の都市・厦門《アモイ》の目の前にある金門島さえ取ることができなかった。

海の文明は、航海力と海洋勢力が欠かせない。中国は改革開放後に竹のカーテンを開け、80年に入ってからやっと海に出ることをめざし、国家戦略を地理的国境の防衛（東北、華北、西北の三北）から、戦略的国境といわれる四海（南海、東海、黄海、渤海）に変えた。中国にいわせれば、宇宙三次元空間への戦略転換であった。そして胡錦濤主席はつい最近、「海の強国」をめざすと公言している。これも習近平が強調する「中華振興」の一環としての海への進出戦略だろう。

では、中国はなぜ陸から海へと出なければならないのだろうか。

それは、資源と人口の問題に起因するもので、中国の世紀の国家戦略的転換が欠かせないのである。というのは、中国のすべての地上の資源が、ここ2000年以上もの間、先祖代々に喰いつくされてきたからだ。

資源と人口の問題については、すでに『韓非子』が説いている。「昔は人口が少なく、今（戦国時代）は人が多く、ものが少ない。だから争いが多い」と簡単明瞭に説いている。秦王政（後の始皇帝）は『韓非子』を読んで感動し、この著者と会えるだけで死んでも悔いはないと語ったという。

地上の資源はすべて祖先に喰いつぶされた。地下資源も期待するほどの量ではなかったので、地球資源に生存を託せざるをえない。少なくとも有史以来の「自力更生」が限界に達するであろうことは、毛沢東も知っていたはずだ。だから改革開放は中国有史以来の文明戦略の大転換といえる。海に出るしか生きる道はないと考え、中国人はそう口にしはじめた。

「海に出ないかぎり中国人の21世紀はない」

「中国人にとって四海は、絶対欠かせない21世紀の生存空間」

そこで中国語独特の主張がまた出てくる。

「南シナ海と東シナ海は、中国の内海だ」

「中国の絶対不可分の神聖なる固有領土は、侵略される危険性がある」

「日本と韓国が中国の海から盗んだ魚介類は、中国の年間漁獲の倍もある」

「日本がインドネシアから輸入した石油は、中国の領海から盗んだ盗品だ」

そして今、中国は近隣の「侵略国家」にこう警告する。

「必要があれば、中国は侵略された領海と領土を回収する」と。

世界のすべては中国のもの

中国人の領土についての見方は、中国人の宇宙観、天下観、中国観とともに変化する。古代中国人は、古代ギリシア人とはちがって、球体という宇宙観はなかった。天円地平という見方である。東西南北の方位感覚をもってはいても、中国人だけがあくまでその四方の真ん中にある。

この四方の中にある方位（位相）空間から中原、中土、中国という考えが生まれ、天下中心の中華思想が時代とともに熟成していく。

そもそも「中国」という呼称は古代の銅器にすでにみられたが、「中国」とは都（京師）を意味するものであった。黄河中下流域の国々（趙、斉など）を指すもので、中原、中土ともいわれる。後に中国を統一した西の秦国が「中国」として認知されたのは、春秋の時代だった。南方の揚子江流域の楚が中国の国として認知されたのは、戦国時代になってからである。

孔子が『春秋』を編撰したころ、「尊王攘夷」を説いたが、あの時代の「夷」とは中原すなわち中国にもっとも脅威を与えていた、南方の長江文明の流れをくむ楚（楚蛮）を指すのである。

南方中国が「中国」としてようやく認知されたのは、漢が亡び、六朝の時代に北方の五胡によって中原から追われた漢人が揚子江の南（江南）に逃れ、唐、宋の時代になってからである。

中国人の天下観は今でいう世界観とはやや異なり、中国人の「独自の世界観」として時代とともに拡大した。天子が天に代わって皇帝となり、天下の国々、万民の上に君臨し統率するという考えだった。

南中国が中国として認知されたのは千余年前のことである。この中国の南北対立は有史以来、黄河文明と長江文明の衝突として、20世紀までつづいている。１０００年前の宋の時代にも、宋王朝の祖訓として南人（南方人）は絶対宰相と将軍に起用しないという決まりがある。辛亥革命後の南京・広州諸政府と北京政府との対立も、この南北対立の延長線上にあるものだ。北京政府が蔣介石率いる南京政府の国民革命軍に打倒されたころ、革命派の元勲・章炳麟《しょうへいりん》が中華民国の亡国を宣言したのは、この南北対立の歴史があったからである。

「中国人」がはじめて中国史に現われたのは、司馬遷の『史記』の「貨殖《かしょく》列伝」であるが、それは「中原《ちゅうげん》からくる人」を指す意味である。

中国人の領土観は、中国観・天下観とともに変わる。変わらないのは、「天下王土に非らざるものなし」という、世界はすべて中国のものであるという考えである。それが非現実的なことだと知っていても、中国は、強くなれば世界の領土をすべて回収すると意気込んでいるのである。2005年に欧米で物議を醸した朱成虎《しゅせいこ》将軍（朱徳・元国家主席の息子か孫という説もある）の「核戦争論」は、「世界の核戦争で最後に勝つのはわれわれ中国である。勝てば今まで失われたものはすべて回収する」という言葉で締めくくられている。

中国が強くなってから世界のすべての土地を（回収）する前に、20世紀に入ってから中国人が主張する中国の固有の領土とは以下のものである。

（1）中華帝国歴代王朝が一度でも征服した土地

（2）中国を征服した外来王朝のすべての土地

たとえば、モンゴル人のチンギス・ハーンの孫にあたるフビライ・ハーンは「大元」王朝をつくり、中国を征服しただけで、モンゴル帝国の4つの汗《かん》（ハン）国《くに》が征服した土地のすべてが中国の「もの」。だからモンゴル人のヨーロッパ遠征は、民国以後の中国の教科書にも「われわれの遠征」と書いている。

（3）かつて中国の使節が訪問したことのある国、あるいは中国と交流・通商があ

った国、または中国に朝貢したことのある国の領土

チベット、新疆（東トルキスタン）、モンゴル、満州などがその例である。明の宦官・鄭和の南海遠航で訪問した国々もすべて中国の朝貢国、固有の領土と主張する。そして中国が強くなったらすべての固有の領土を回収するとしている。蔣介石の『蘇俄侵華史』や毛沢東の『近代中国地理小史』などの学校歴史補助教科書でもそう教えている。

(4) 地名、あるいは遠征（侵略）した事跡が中国の古典に記述されている土地

たとえば、高句麗、尖閣諸島、琉球、南シナ海の島嶼など。

(5) 中国が「統一すべき」と主張する範囲の土地

これもすべて絶対不可分の神聖なる固有の領土とみなされる。台湾がそのいい例である。

奴隷になりたがる? 中国人

中国政府はよく歴史問題などで日本に対し、「13億の中国人の感情を傷つけた」云々と口にする。一方、台湾の民意に対しては、「台湾は中国の絶対不可分の神聖なる固有の領土」だから、「台湾について決めるのは台湾だけの民意ではなく、13億の民意で決める」と主張する。

中国がそう主張するのは中国なりの理由があるが、中国以外の道理とは異なるものだ。だが、摩訶不思議なのは、日本政府までが、たとえば総理の靖国参拝についてまで、日本国民の感情よりも中国が主張する「中国の13億の国民感情」を優先していることで、理解不能だ。ひょっとしたら「数の優先」からではないだろうか。

日本には国政選挙以外にもさまざまな民意調査という「民意を問うシステム」がある。一方、中国は有史以来そういうものはなく、今でさえこのようなシステムの確立は不可能である。にもかかわらず、数の「民意」「感情」を強調する。じっさい中国は有史以来、民意よりも「天意」で運営されてきた国である。天意とは具体的には天子の意志で、近現代中国では毛沢東であり、偉大なる国家指導者の意しか存在しない。日本は、中国の古典からの影響が強く、書いてあることをそのまま現実にあることと錯覚しがちである。ことに文化人にそうした混乱と倒錯が多い。

孔子の時代からすでに人間を君子と小人の二種類に分け、民には「知らせるべからざる、由らしむるべし」と語っている。科挙制度についてはそれをほめそやす文化人もいるが、その害が深刻になったのは近代になってからで、とうとう1905年にその1300年にわたる伝統を廃絶せざるをえなかった。

「半部の論語は天下を治める」と中国は自慢するが、人治だけでは天下大平が不可能なことについては、中国の争乱が絶えない歴史がそれを物語っている。

中国が奴隷国家、愚民国家であることは、今現在の人民専制国家そのものが実証している好個《こうこ》のモデルであるというだけではない。ヘーゲルの社会分析も「すべて自由があるゲルマン型」と「少数の貴族のみ自由のあるギリシャ型」「ひとりのみが自由、万民が奴隷の中国型アジア専制」がモデルとなっている。

西洋学者よりもより中国を知っているのは、中国人自身であろう。清王朝は漢人を「家奴《かど》」（家内奴隷）とみなし、制度的にもそういう王朝だった。漢人もそう認めている。近代文学の父と尊敬されている魯迅も、学者たちの中国史の時代区分について、高論卓説《こうろんたくせつ》などまったく必要ないと皮肉っている。

中国史は、大奴隷史であり、「奴隷になりたくてもなれなかった時代」と「しばらく奴隷になって、満足している時代」とに二分すればすむことだと中国歴史観を披露している。

18歳で『革命軍』（１９０３年）を書き、近代中国史上最大のベストセラーを出した青年革命家の鄒容《すうよう》は獄死した。『革命軍』では、「中国人には歴史がない。中国のいわゆる二十四朝の歴史は、じつは一部の大奴隷史である」と述べている。魯迅はこの本について、「他の千万言も、浅近直截《せんきんちょくさい》な革命軍馬前《ばぜん》の卒、鄒容がつくった『革命軍』には及ばなかった」と評した。

20世紀初頭の維新派の梁啓超や革命派の陳天華《ちんてんか》だけでなく、私の中高校時代の先生たちも「中国人の奴隷根性」ばかりを強調していた。

中華人民共和国の国歌である人民義勇軍行進曲は、冒頭から「奴隷になりたくない人民よ、立ちあがれ！」と勇ましく呼びかけている。この歌を声高く毎日歌っても、とうとう奴隷たちは立ちあがれなかった。

人民共和国は「世界革命、人類解放」とどんなに旗を高く掲げても、じっさいには新しい奴隷制度が強化していくばかりだった。

言論・情報統制は、時代とともに強化されていき、奴隷と愚民は実質的に拡大再生産されていく。それは決して獄中のノーベル平和賞受賞者・劉暁波《りゅうぎょうは》の孤高の叫びではない。中国の教育だけでなく、国是そのものが愚民奴隷を創出する制度である。

じっさい中国人のほとんどは、尖閣がいったいどこにあるかを知らないだけでなく、世の中がどう変わっているかも知らない。

それも実利的な民族としての宿命だろうか。

「中華振興」とはいったい何をめざすのか？

世紀末の1990年代に入ってから、社会主義信念が崩壊していく危機に襲われる。中国の革命政権の権貴（権力貴族）たちは、「亡党亡国」の危機にうなされ、「世界革命、人類解放、国家死滅」の革命3点セットの代わりに、伝統回帰をめざす「愛国主義、民族主義、中華振興」の新3点セットを国是国策にした。

その最大の国家目標は「蘇東波」（ソ連・東欧崩壊の波）の道連れとなるのを回避することでもあった。

愛国主義や民族主義といった理念は、中国に限らず多くの新興途上国が国づくりのために無我夢中で鼓吹《こすい》するものだが、「中華振興」とはいったいどういうことか。これからいったいどこまで「中華振興」していくか、中国も、世界も見守りつつある。

「愛国主義」や「民族主義」は、すでに20世紀初頭から鼓吹されている。だが、100年後になってもいまだに国是国策にしなければならないということは、決して成功していないことを如実に語っている。愛国主義、民族主義を育てていくことが中国の精神的な風土では決して容易でないことは、20世紀の歴史の事実が証明している。

容易ではないが、この愛国主義、民族主義もまったく効果がないというわけでもない。一例をあげれば、漢の武帝については、今現在、中国人がもっとも尊敬する民族英雄になっている。その理由は、漢の武帝は生涯征戦にあけくれ、万里の長城まで越え西域を支配し、中国の版図拡大に功があったからだ。

しかし、漢の時代には武帝は英雄にはまちがいないが、戦争ばかりしたために人口が半分も減った。しかも老後、太子との父子戦争を都の長安で繰り広げ、まきぞえで死んだ市民は数万人にものぼった。

戦争ばかりして市民を苦しめた武帝は当時、祠《ほこら》を建てて祭ることさえ後世に反対されている（『漢書』に詳しい）。だが、この武帝が領土を拡張した英雄としてもっとも尊敬される歴史人物になったことは、社会主義中国の時代になってから社会エートスが変化したことの象徴的なケースだ。

では、中華振興とは何か。それは19世紀のアヘン戦争以後から中国がずっと「富国強兵」を国是としつづけていることと変わりはない。改革開放後も、しきりに「富強」「世界の最前列に立つ」ことばかり強調してきた。胡錦濤は陸よりも「海の強国」をめざすと具体的に公言している。じっさい軍事力の突出については、20余年連続して軍事予算が年々2ケタ増を続けていることも数字が示している。

じっさい中華振興の目標とは「領土拡大」である。清朝時代の三代皇帝（康熙、雍正、乾隆帝）が征服し拡大した史上最大の版図の再興をめざしているのである。だから、中国の真の統一は乾隆帝時代の版図・領土範囲だと再定義している。中国の領土拡張を再定義する中国語の同義語としての表語法が「統一」であり、「ほしい」「守りたい」という意味の新しい表語法がいわゆる「核心的利益」である。

こういう中国語独特の表語法について、日本の中国語入門書はほとんど教えていない。たとえば「新華字典」などの字書《じしょ》でも、「台湾」についての語義にはかならず「絶対不可分の固有の領土」と付け加えている。ほしい領土はパスポートにまで刷り込まれている。逆に、そこまでの執拗さがないと、決して中国的ではないともいえる。

だが、ただ軍事力だけ、さらに経済力だけが突出していても中華振興はできないこと、ハードウェアだけでなくソフトウェアも必要であることは、中国も知っている。そして現在、中国が全面的に押し出しているソフトウェアが儒教である。

漢末から六朝時代には、儒教以上に普遍性をもつ仏教が中華世界だけでなく、東亜から西亜に至るまで広がっていた。中華文明・文化は唐の時代には、拡散力がすでに消えてしまっている。宋の時代に入って、理気の学が流行り、それを集大成した朱子学は新儒学として再興したものの、朝鮮半島にまでは広がらなかった。20世紀に入ってから儒学受難の時代を経て、ついに中国人から見捨てられた。

改革開放後に新・新儒学を中国のソフトウェアとして、中国政府は「孔子学院」をテコに中国のソフトウェアを中華振興のシンボルとして広げようと試みている。中国では孔子の子孫と自称する者が三百数十万人もいる一方、儒教とは何かについては、ほとんどが無知である。孔子学院が世界各地につくられたが、中国語を教える語学学校に止まり、ほかに南京大虐殺の反日映画を鑑賞するなど、情報活動のアジトになってしまい、魅力あるソフトウェアにはなれなかった。

本来、中国は中華的価値をアジア的価値として拡大解釈し、新儒教、あるいは新・

新儒教を、西洋的な民主、自由、平等、人権に優る中国的な「公平」「正義」に取って代わらせようと試みた。その中国的ソフトウェアは西洋的価値に優ると自画自賛していても、中国社会には「公平」も「公義」も「道義」も存在していない。「孔子平和賞」さえ世界の笑い者になり、人気はさっぱりだ。

中華振興は、乾隆帝時代の陸ではすでに限界となり、「海の強国」をめざすしかない。しかし、魅力あるソフトウェアがないかぎり、中華振興のテコとしては暴力・物理力しか残らない。

はっきりいえるのは、中華振興の限界は、海への勢力拡張の限界でもある。

◎習近平に残された道◎

90年代に入ってから、中華人民共和国は、「愛国主義、民族主義、中華振興」という3点セットを国是国策として生き残った。

中華人民共和国は、今に至るまで民意を問うシステムを確立できていないし、これからもできない。それが「人民」と「共和」という美辞麗句を飾る中国現体制の最大の弱点である。「平等」を国家理想として掲げてはいるが、じっさいのところ政権にとってはどうでもよいことだ。

中華人民共和国だけではない。はるか2000年も前から、漢末の太平道をはじめとする平等の社会をめざす運動がいくらあっても、中国では絶対実現できなかった。太平天国の時代にも、はじめは毛沢東時代のように「平等」をめざしてがんばったものの、やはり後半になると、今の中国と同じように格差が広がった。同じことがくりかえされるのは、中国の社会のしくみが歴史的にそうなっているからであり、もう遠い昔にほとんどの中国人が諦めている。

できないことはできないと早くに諦めたのだ。いわゆる「没法子《メイファッ》」である。

今の人民共和国政権を支えているのは党、政、軍三位一体の統治集団である。前述したように、この体制を支えるものが、いわゆる「両桿子」（2つのテコ）といわれる「鎗（槍）桿子（軍）」と「筆桿子（ペン＝マスメディア、教育）」である。この2つのテコによって体制を維持しつづけている。

軍は自らを、国を支える棟梁《とうりょう》という存在以上のものだと考えている。国共内戦に勝ち、軍があっての国だと、軍が国を支えるというよりも国以上のものだと、軍は「自覚」し確信している。

軍がこの国を支えるハードウェアであるならば、ソフトウェアは「筆桿子」であるマスメディアと教育である。この「ペン」というソフトウェアは、いかに嘘を創り出し、「愛国主義、民族主義」を鼓吹していくかを任務としている。

「反日教育」も政権を支えるのに不可欠なテコとして、「愛国主義教育実施綱要」に明記してある。いくら日本が「善隣外交」の原則をもっていても、中国の生存の原則を否定することはできない。

このもっとも基本的な常識を、日本の言論人だけでなく政財界も知るべきだ。

だが、中国では「愛国主義」と「民族主義」は成功しない。これがむずかしいことは、この百年来の教育とマスメディアの育成史をみてもすでに実証されている。それは中国人は、個人個人の我が強すぎるからである。むずかしい、あるいはできないとまでいうのは極端に聞こえるかもしれないが、国家や民族といった観念だけでなく、家族でさえ我を超えることはこの国では絶対不可能だ。こうした中国人の「我の精神史」について、日本人はほとんど知らない。文化人や専門家でさえ無知といえる。

中国に残された生きる道は、中華帝国の復活しかない。中国人にとってはやむをえない唯一の選択である。

たとえば領土問題一事をとりあげても、中印、中ソ、中越の領土紛争だけでなく、領海から無人島に至るまでの領有権紛争でも、中国側が歴史的論拠とするもののほとんどが、中華帝国時代からのものだとの一点張りである。中華帝国の歴代王朝において、国とはいわゆる「家天下」である。マックス・ウェーバーのいう家産制国家よりも世界でもっとも典型的な軍国主義国家である。

現体制の「中国的特色をもつ社会主義国家」の「人民専制」（プロレタリア独裁）も、中華帝国と基本的に同質であることの証拠である。天意がすべてに優先する国であり、天意は民意を超え、さらには民意を「代表」していることにもなっている。

中華帝国の復活がこれからの人民共和国にとっての夢と理想になるのは必然である。その理由は、中国の歴史が育んできた独特の領土観によるだけではなく、陸の中華帝国から海の中華帝国へと復活する以外に、人民共和国は生き残れないからである。

その国家目標は人民共和国として21世紀を生き抜く生存条件でもある。4代目の胡錦濤は、5代目の習近平に帝位を禅譲する最後の間際まで、「海の強国」をめざす釘を打った。

5代目の革命政権は改革の意志がないというよりも、中国は改革が不可能な国である。妖怪が死んでもまた生き返るのが、中国の歴史法則である。

いったいこれからどんな中華帝国が復活するのか。尖閣の領有をめぐる一連の中国の言動から、中国人が史実などそっちのけで、どういう口実で、どういう因縁をつけてゆすりたかりをするのか、日本人はしっかりと目を開けて見るべきだ。

□習近平時代の新戦略「偉大な復興」□

全人代（中国の全国人民代表大会、国会に相当する）が3月17日閉会し、予定どおり習近平国家主席と李克強《りこくきょう》首相の新体制が公式に発足した。

1989年に6・4天安門事件が起こる以前は、5年に一度の党大会の度に林彪、華国鋒、胡耀邦、趙紫陽など国家指導者が失脚し、消えていった。「中国のフリコ」とまでいわれる時代が続いたが、90年代に入ってからは安定期に入ったようにも見え、こうしたこともなくなった。

鄧小平以後は、江沢民も胡錦濤も失脚せずに生き残っている。第18回の党大会は団派、上海閥、太子党各派閥の人事調整が若干難航し会期がやや遅れるなど、習李体制は順風満帆とまではいえなくとも、胡温体制の延長として、「改革開放」の基本路線はほぼ軌道に乗り、毛沢東時代の社会主義路線への逆戻りはなかろう。

習李体制と胡温体制とでやや異なる変化があるとすれば、経済成長が過去に比べて若干鈍化しているので「保八」（成長率8%維持）ではなく「保七」（7%）が目標となったこと、そして富国強兵路線の推進である。

習主席は開幕式で演説し、「中華民族の偉大な復興という中国の夢を実現する」と強調、「中国の夢」に9回も言及して熱っぽく訴えた。

「富国強兵」とはもちろんアヘン戦争以来の近現代の「中国の夢」である。改革開放後も、「富強」と憲法草案にまで強調、90年代に入ってからも、「世界革命、人類解放」のかわりに、「民族主義、愛国主義、中華振興」の3点セットを国是国策に掲げてきた。

胡温体制が発足した当初、一時「平和抬頭」を唱えたことがあったが、この主張もやがて消えていく。「平和」よりも「富強」のほうが軍の支持を得られるからである。胡錦濤も第18回党大会で「海の強国」をめざすと語り、「中華振興」の夢を公言した。

では、中華の夢とは何か。

それは後金国時代のアイシンカクラ・ヌルハチ時代から6代目の乾隆帝時代に至るまでの200年間にわたって拡大した版図を中国の真の「統一」の時代と考え、中華振興を果たして「強い中国が世界を決める」というものである。

中国の夢はあくまでも中国共産党の党、政、軍の夢であって、中国人をのぞいた世界の夢とはちがう。

この「中国の夢」と「世界の夢」とのちがいから生じる衝突が、これからの世界秩序を乱す火種となろう。

第2章

竹島問題を韓国が解決できない理由

反日韓国のナショナリズム

「蓼《たで》食う虫も好きずき」ということわざがあるように、人の好みも十人十色である。ただ全体主義国家では共有する好みが多いというぐらいの差だろう。

反日、嫌韓、嫌中も個人としては好きずきだが、日本とあまり交流のない朝鮮は別として、中国と韓国は反日国家としてイメージが定着した。

その強烈な言動は、すでにイメージとして定着、ネット世代は中韓を「特ア」（特殊アジア）と呼んでいる。国家、国民ぐるみの反日の言動で「反日国家」とみなされ、日本人の関心も大きい。

では、なぜ中韓にかぎって、あれほど反日感情が強烈なのか。

その行動は別として、そう主張する理由は、ある程度理解することもできる。しかし、「日本人が死に絶えないかぎり人類の平和はない」とする主張には、頭をかしげる人も少なくなかろう。

なぜという「疑問」をもつ前に、「反省と謝罪」さえすれば「問題解決」ができると考えてきた日本人は多い。

疑問はつきないが、じょじょにその理由の解明に迫ることができないものではない。

たとえば、台湾では台湾人には反日感情はないが、中国人（戦後、国民党とともに台湾に渡ってきた人々）には反日感情を抱く者が多い。台湾では日本語世代だけでなく、新人類にも「哈日族《ハーリーズー》」（日本大好き青少年）が現われている。

東南アジア諸国では、華僑は反日感情が強いが、海のアジアだけではなく、陸のアジアは決して反日ではない。アメリカ在住の中国人、韓国人は反日感情をよく言動に現わすが、欧米人は決して同調していない。

そういう現実、現場から見て、では中華思想が根源にあるのではと連想する人も少なくない。なぜ中韓は反日なのかという問題について、日本では関心が高く論著も少なくないが、一方、中国や韓国の言論人でその理由を客観的に分析する者はそれほど多くはない。

たしかに謎の部分も多々あるが、私がよく頭をかしげるのは、もし中韓の反日が、よくいわれるように「過去」あるいは「過去の一時期」に起因するならば、反日運動の当事者はその過去の「主役」あるいは「被害者」といえる世代であるはずなのに、そうではなく過去を知らない世代が中心となっていることである。

中韓の反日運動はネット世代、中国では「簡体字《かんたいじ》」世代、韓国では「ハングル」世代が反日運動の主役になっている。彼ら反日運動の推進者は、プロ化、職業化しており、「特殊団体」化の傾向がますます強まっている。

日中韓とも互いに古代から数千年の通交の歴史がある。時代によって、お互いに相手に対しての親疎《しんそ》の感情も異なるだろう。感情というものは変化も早い。中韓の反日には共通の理由も多々あるが、決して一様ではない。

韓国は法治社会なので中国人のように商品を略奪したりはしないが、ナショナル色が強いのも共通項としてみられる。中国は戦後すぐに国共内戦が再燃した。当時、主流のイデオロギーは反日よりも社会主義だった。半島にも南北の戦争があった。韓国が抱えているのは、反共と反日の葛藤でもある。鄭大均《ていたいきん》氏は『反日をやめる日は来るのか』（新人物往来社）の中で、韓国の反日は「韓国人が生み出した最大のイデオロギー」であるとみなし、「韓国のナショナリズム」として説いており、韓国反日の本質に迫るきわめて示唆的な分析をしている。

中国の反日は、古代から華夷思想にみられる「蔑日」から近代の反日、仇日運動に至るまでの長い歴史の中で、決して一様ではないとしても、「最大のイデオロギー」としては成熟するまでには至らなかった。反日をテコにしてナショナリズムの育成も試みたが、成功していない。

中国人にとって最大の関心事は、国家、民族よりも家族と個人にある。内外事情が韓国とは異なる中国では、反米、反ソ、反日と仮想敵国がころころと変わり、韓国のように反日一本にしぼることができなかった。

そもそも社会主義中国は「世界革命、人類解放、国家死滅」、アンチ・ナショナリズムを社会主義建設の理念と目的として掲げている。それが一転して「愛国主義、民族主義、中華振興」を国是国策としたのは、社会主義体制崩壊の危機に直面する90年代からである。

韓国はすでに民意を問うシステムを確立しつつある。だが、中国はなおも「人民専制」「プロレタリア独裁」を守り通し、党の意向を「天意」として民に押しつけている。したがって中国の「民意」とは「天意」である。「天意」を守っていくには「両桿子」（2つのテコ）があり、それは「軍」と「筆」であることはすでに述べた。韓国のようにもっぱら反日をテコとすることもないのだ。

90年代以後、党指導者は「亡党亡国」の危機にうなされながらも、多元性を一元化することを最大の「統一課題」に定めた。

つまり思想を統一し、諸民族を同化する全体主義の達成を目標とした。それが中華の夢である。

中国は、韓国ほど純化した社会ではない。反日が韓国のナショナリズムのテコだとすれば、中国はむしろアンチ・ナショナリズムにある。ひょっとしたら、そこが中韓の反日の分かれ目かも知れない。

□「事大」は韓国の不易流行□

「日本はすでに昔のように強くなくなっている」

李明博《イミョンバク》前韓国大統領の竹島上陸と天皇謝罪要求発言をめぐり、この言葉が彼の行動を動機づけているといえよう。精神分析学者なら、李明博の言行についてそう分析するにちがいない。以上の言葉は李大統領の自白にも聞こえる。

相手が強いかどうかを見計らって言動を起こすのは、統一新羅以来の小中華の韓国が1000年以上にわたってもつ伝統的精神構造である。それは韓国を代表する李元大統領ひとりだけの唐突な行動ではなく、この国の国民性である。だからその言動に全国民が共感共鳴を覚え、国民的な支持を得たのである。

日本人は、日本人と韓国人はちがうということをもっと知らなければならない。日本の常識は世界の非常識、その逆もまたしかりである。

日本人と韓国人がどれほどちがうかについて、慰安婦問題を例にとって見てみよう。

いわゆる慰安婦問題は今日に至っても日本軍が関与したという確証がない。それにもかかわらず、韓国人があれほど執念深く、国内だけでなく世界にまで「日本の蛮行」として宣伝し、あたかもこの問題が「今でも」存在するかのような形で広めようとしている深層心理の理解にも役立つ。

しかし、これほどまでに韓国人活動家が「慰安婦問題」に夢中になっているのに、私の会った欧米人は「あれはなんだ」「だからどうだ」という反応を示すにすぎない。今の世界はすでに韓国人活動家や反日業者が騒ぐような猟奇的な大昔の話にはそれほど関心がなく、趣味も嗜好もない。

韓国の対日観や対日関係の変化にもっとも大きく影響しているのは、「強さ」の変化である。日本経済はすでに２０１０年にＧＤＰが中国に追い越された。米日中という順序ではなくなり、韓国の事大の対象も米中に変わった。これからの韓国は「Ｇ２」の時代で右往左往するのに決まっている。金泳三《キムヨンサム》以来の親北政権は親北反米という本音があっても、反米は百害あって一利なしなのは重々承知している。かといって対中傾斜したところで、こちらも一利あるかどうかを断言するのはむずかしい。それでも半島として「事大（弱国が強国に仕える）」せざるをえない宿命がある。それは単に地政学的宿命だけでなく、精神構造的なしくみでもある。だから韓国人もつらいのだなと同情もする。

確実に「事大」は唐以来、1000余年にわたり半島の精神伝統となり、さだめでもある。もちろん時代によってもその強弱の程度はちがう。たとえば、高麗朝よりも李朝のほうが強く、しかも徹底的である。かりに亡国しても大中華への忠は決して捨てないという徹底ぶりであった。明から清へと、牛から馬へ乗り換える際、朝鮮の朱子学者は死忠を頑なに守り通すことが「美徳」とまで説いた。

中華帝国への朝貢国家の中で、朝鮮が「下国の下国」ともっとも蔑視されてきたことは、尹昕《いんきん》の『渓陰漫筆』に描かれている。それでも「事大一心」を守りきってきたことは、ほめてあげてもよいだろう。

だが、「事大」をめぐる南北の差も大きい。たとえば、北のほうは高句麗時代以来の隋唐への強い抵抗と長い独自の歴史があった。現在の北朝鮮は「事大」よりもチュチェ（主体）を強調し、「独立自尊」の気風も強い。だが、チュチェを強調しすぎると北朝鮮のように孤立してしまうという半島としてのさだめもある。もちろん事大の相手をどう選ぶかによっても、その国の運命が決められる。

戦後、日米を選んだのが今日の韓国のさだめ、中ソを選んだのが北朝鮮のさだめとなる。それが朝鮮事大史の歩みから生まれた歴史的産物としての国家の運命ともいえよう。そのような長い歴史の流れからも、その精神構造を探ることができる。

弱者いじめを好む韓国人の民族性

韓国人の文化史や精神史は恨（ハン）から解析するものが多い。日本人の代表的な姿や生き様は武士が象徴的であるように、韓国人なら両班《りょうはん》である。ことに両班と農民や奴婢の関係はもっとも象徴的だ。

事大の反面は「弱者いじめ」である。強者を恐れるあまり、そのうらみつらみから逆に徹底的に弱者いじめをする。この韓国人の民族性をよく知っている中国人は、韓国人に対して徹底的に高圧的な統治を行ない、効果を上げたのだ。

相手を「復仇を断念させるまで、徹底的に弾圧」するというマキャベリの主張と同じ理論の『韓非子』の教えを、中国はすでに2000年余り前から実践してきたので、韓国人は「大国人」に対しては1000年以上も前にすでに抵抗をあきらめている。

その一方で、やさしい日本人に対しては、その顔色を見てからゆすりたかりに出る。だが、韓国が日本に頼らざるをえないのは、ただ経済だけではない。韓国が日本からパクったものは技術だけではなく、文化の分野に至るまで、日本からのものが多々ある。韓国はウリナラ自慢で、日本文化の源流はほとんどが韓国からと主張しているが、じっさいは逆である。

「事大」はそれほど容易なことではない。ことに自己中心にして都合主義の大中華に事大するのはなおさらである。その事大のうらみつらみから生まれたハンの文化から生まれたのが弱者いじめの嗜好でなる。このサディズムに近いビヘイビア（ふるまいや言動）は、ニーチェの言うルサンチマン（強者に対する屈折した憎悪など）の一種でもある。

このような韓国人の弱者いじめは、奴婢いじめだけでなく、対外的にも目立っている。たとえば歴史の例としては、明から清へ、牛から馬へと乗り換えた後、清が明に対して行なった「七大恨」の復仇戦にも朝鮮兵が先頭に立って、明人大虐殺を行なった。戦後、アメリカ軍によるベトコン叩きの際も韓国軍がベトナム人に伝統武芸のテコンドーで戦意発揚し、ベトナム人を虐殺したことは、今でもベトナム・韓国間の問題として残っている。そして、在米韓国人の黒人いじめもロス暴動で一躍有名になり、世界でひんしゅくを買っている。

朝鮮動乱後、韓国が日本からの経済援助で「漢江の奇跡」を遂げたことは日本でもよく語られている。だが、台湾（中華民国）からも韓国に対して多額の経済援助があったことはあまり知られていない。

しかし、一度台湾から中国へ、牛から馬へ乗り換えると、中国に「事大一心」で台湾に対して行なったいじめは筆舌に絶する。台韓との断交は韓国が一方的に台湾に対する背後からの一刺しという形でなされた。政治の世界だけではなく、スポーツの世界でも、さらには大学生の会議でさえ、韓国人は台湾人に嫌がらせをしてきた。この韓国人のサド的な行為を見かねた欧米の学生が「やめてくれないか」と抗議をしたほどだ。

韓国人のこの病的なまでの嗜虐性は、台湾で反韓世論を形成し、90年代の台湾政府もまた事大一心の金泳三政権時代に韓国に対して逆襲に出た。航空機の相互乗り入れの停止をはじめ、引退した金泳三が李登輝元総統を訪問したいと希望したが拒否された。韓国と付き合いたくないからだ。台湾は与野党の対立が熾烈な国である。それでも、たとえば高雄市は韓国の釜山市との姉妹都市関係を断絶することを市議会全員一致で決定した。台南市も同様に高雄市の後に続いた。

反韓感情が高まっていたとき、韓国語を口にしただけでタクシーから降ろされ、韓国人経営の焼き肉店は閑古鳥が鳴いた。それは韓国という国に対してというよりも、韓国人から受けた嫌がらせに対する嫌悪感からである。台湾の国内だけでなく世界各国の大都市でも、隣に韓国人の店ができたら、たとえ家賃が下がったとしても、引っ越してしまう。

韓国人は、「中華街は世界のどこへ行ってもあるが、韓国にだけはない」ということまでウリナラ自慢にしている。「漢江の奇跡」の後、じょじょに華僑が嫌がらせを受けて排除され始め、華僑が韓国から逃げ出して、現在、10分の1しか残っていない。

満州国の時代、朝鮮人は日本名を名乗りたがり、もっぱら支那人いじめに我を忘れて夢中になり、支那人からは「二鬼子」とも呼ばれ、恐れられていた。

韓国人の弱者いじめは、両班時代からの遺風《いふう》ともいわれるが、その時代時代の力関係からきたものでもある。福沢諭吉が「アジアの悪友どもとの交遊謝絶」と唱えたのも何となくわかるような気がする。

◎世界最大といわれる人種差別の国◎

人種差別の国といえば、南アフリカのアパルトヘイトを連想する人が多いだろう。

だが、南アフリカはマンデラ大統領時代以後、そのイメージはすでに変化し、アメリカもオバマ大統領の登場により、関心はマイノリティの問題よりも経済問題へと移りつつある。

世界でもっとも人種差別意識が強烈な国は、じつは日本の隣の中華の国々である。人種差別以上の「人獣差別《じんじゅう》」というほうがむしろ正しい。

なぜ中華の国々では人種差別が強いのか。それは古代から中華思想のコアである「華夷思想」として、DNAに記憶されているからだ。

前述したように「華夷思想」とは、「人獣差別」の代表的な人間観で、異人を「禽獣」とみなす伝統的な潜在意識である。それを「教化」として説くのが儒教思想であり、孔子も朱子も華夷の分、華夷の別を主張する。ことに朱子学は強烈な夷狄蔑視と排斥の学である。

半島は李朝時代に入ってから高麗朝時代の仏教をすべて廃絶し、代わりに朱子学を国教にした。朝鮮は思想的、精神的には儒教の国であるが、社会構造としてはきびしい階級制度に縛られていた。

この階級制度は、今日に至っても完全に払拭されていない。

韓人の差別意識は、この李朝時代に入ってから一層強化されたものである。それよりも前の高麗朝に至るまで、仏教国家としての最盛期には「衆生《しゅじょう》」の意識が強かった。

李朝社会の構造は、韓人自らを両班、中人、良人、賎民に分け、きびしい階級差別を行なった。階級最下位の「賎民」と女性は姓氏をつけることさえ許されなかった。姓氏を持たない者は白丁奴《はくちょうど》や火賊奴と呼ばれ、虐待、蔑視された。すべての朝鮮人が姓氏をつけることを公式に許されたのは、日韓合邦後である。すべての民を「四民平等」「万民平等」という近代国民国家の理念の下に「国民」とし、正式に憲法、民法、戸籍法を整備してからであった。

階級差別だけでなく地方差別も激しかった。李朝時代の地方差別については、西北、東北の出身者が完全に官界から排除され、『経国大典』には、咸鏡道《かんきょうどう》、平安道、黄海道の出身者は官憲への登用はもちろん、鷹師への起用さえ禁止する条項があったほどだ。

このようにして地方出身者は見捨てられた。門閥《もんばつ》を重んじる京城の両班たちは、東北地方の者との婚姻を禁止し、付き合うことさえしなかった。地方差別を廃止したのが朝鮮総督府だった。

韓人の階級差別と地方差別には非常に長い歴史がある。もっとも象徴的なものは、「白丁解放」をめざす衡平社《こうへいしゃ》運動である。

1923年5月、慶州で衡平社運動が行なわれた際、反対する農民、労働者、さらには妓生《ぎせい》まで数百人が3日間にわたって白丁の集落を襲撃し、家屋を手当たり次第にぶち壊した。白丁の公平、愛情、階級打破のスローガンに同情し支援した人々は「新白丁」と呼ばれ、彼らも襲撃された。

韓国人の異常な人種差別は、北の朝鮮人に対してだけでなく、中国籍朝鮮人（華僑朝鮮人）や在日に対しても同様である。在米韓国人はアメリカの黒人やヒスパニック系住民に対しても、人種差別をしている。

差別意識の強い民族韓人は、歴史的にそうであるだけではなく、今日の韓国社会でもなお、この地域差別と職業差別は厳然として存在している。半島の差別意識は、歴史を超えて永遠に存在する民族的課題とさえいわれる。

なぜ韓人は反日を止めないのか。なぜ韓人は日本人を「人種差別意識が強い」と口にしたがるか、韓人はその永遠なる課題を潜在意識からも知ってよかろう。

◻韓国人は中国が大嫌い！◻

韓国人の反日、嫌日感情については、日本のメディアでもよく伝えられているので、「韓国人は反日」というイメージが日本人の間で定着している。昨今騒がれた「韓流ブーム」でも、夢中になるのは限定的な女性にとどまっている。一方韓国では、台湾の「哈日族」（日本大好き青少年）のようなものは、今なお出現していない。

では、韓国は反日、嫌日だけなのかというと、じつはそれ以上に嫌中感情が強いことはあまり知られていない。ただ中国は恐いので自己規制をかけているため、表にあまり出ていないだけだ。じっさいは、中国への憎悪の感情を抑え込み、恨（ハン）が圧縮され、渦を巻いている。

かつて朝鮮人が宗主国のタルタル人（満州人）をどれほど恐れていたかについては、オランダ商船の朝鮮漂着記、ヘンドリック・ハメルの『朝鮮幽囚記』（生田滋訳、平凡社）に詳しい。国王が自ら高官を従えて北京からの勅使を迎恩門《げいおんもん》に出迎え、慕華館《モファクアン》で宴会を催し、芸を披露し、太子が酌をしながら接待する。朝鮮の高官は北京の勅使に怯え、賄賂を贈って口止め料を支払うなどといったことが書かれている。

李朝末期には、朝鮮の最高実力者である大院君までが駐鮮清朝軍によって天津まで強制連行された。朝鮮王国に君臨した袁世凱にとって、国王など眼中になかった。閔妃の妹を妾《めかけ》にし、両班の娘たちを妓生として袁軍の駐剳《ちゅうさつ》軍人に酌をさせるなど乱暴狼藉を尽くしたが、朝鮮人は泣き寝入りするほかなかった。

1992年に韓国と中国の国交が樹立した際、韓国のマスコミは大騒ぎした。朝鮮戦争のときに、中国人民義勇軍が朝鮮半島を蹂躙《じゅうりん》したことに対して、中国政府が謝罪をするという韓国外務省筋の情報が一時伝えられたからだ。韓国人は一層有頂天になった。

韓国が騒げば、日本政府はすぐパブロフの犬の如く条件反射的に「反省と謝罪」をしてきた。この味をしめ、今回も大騒ぎしたのであったが、今度の相手はちがう。駐韓初代中国大使張庭延《ちょうていえん》は、テレビで「そんなことはあるはずがないし、これからも絶対に遺憾の意を表明する必要はない」と、将来にわたってまで釘をさした。

こう一喝しただけで、それ以後、韓国のマスコミは謝罪に関する報道をまったくしなくなった。

韓国企業が1991年に黄海で海底石油を探掘していたときも、中国政府から一喝されただけですぐ引き揚げてしまった。ところが、1993年4月から同海域で、今度は中国が石油探掘を始めた。韓国人はただ指をくわえて遠くから眺めているのみであった。韓国の対中投資は一時山東省を中心に熱をあげていたが、多くの企業が乗っ取られ、抵抗できずに夜逃げするしかなかった。

中国人は有史以来、万里の長城の関内まで侵入してくる北方諸民族の五胡など北狄や西戎を恐れた。もっとも軽蔑するのは、朝鮮人とベトナム人だった。

同じ朝貢国家の中でも朝鮮朝貢使は、いつでもビリだった。朝貢の儀式を司るのは北京朝廷の礼部（文部省）であったが、朝鮮朝貢使への下賜品はほかの国の10分の1しかなかった。

逆に朝鮮からの朝貢品は、たいてい宦官と貢女が主であり、金銀がほしい天朝からすれば不満であった。朝鮮朝貢使は、琉球朝貢使よりも下の末席に座らされ、諸国の朝貢使は内裏に乗馬で入ることが許されていたが、朝鮮使だけが禁止され、歩行しか許されなかった。

長城以北の民族で朝鮮人だけが中国の主になったことがなかった。朝鮮の儒者林白湖は、「四夷八蛮《しいはちばん》が皆中原に入ったのに、ただただ朝鮮だけができずにいる。こんな情けない国で長生きしてもどうにもならない」と嘆き、死んでいった。悔しくても、統一新羅以来ずっと1000年以上にもわたって、中華歴代王朝の属国にならざるをえなかった。

唯一の救いは、「韓中は宗属関係ではなく『友好関係』だった」と主張するために、戦後漢字を全廃して、ハングルで歴史を書き変えたことである。要するに、これで漢字で書かれている過去の歴史を読めなくても、読まなくても済むわけだ。

だが、1000年以上にもわたって積もり圧縮された恨（ハン）のトラウマは、何としてでも癒されなければならない。これを癒してやれるのは、思いやりの強い日本だけだろう。

かつて朝日系の週刊誌でさえも、金正日はじつは中国嫌いだと伝えたことがあった。韓国人が中国人を蔑むとき、「垢奴《テノム》」という蔑称を使う。在日韓国系中国人の金文学は著書『韓国民に告ぐ』（祥伝社黄金文庫）の中で、こう記している。

「衛生的で汚く、うじゃうじゃとやかましく、秩序を守らずひどく利己的なところがある。そして面子を重んじ口汚く団結心がない。また極端に嘘をつくし、虚礼虚飾で自身のプライドを守ろうとし、自分の過ちを認めたり反省したりすることはほとんどない。保守的で自己顕示欲が強く、怠け者で目先のことしか見ない近視眼野郎たちだ。権力と権威に弱く、金銭と名誉の前では奴隷と化してひざまずき、うまくいけば自分の徳であり、うまくいかなければ他人のせいにする……」などと徹頭徹尾《てっとうてつび》コテンパンに叩きのめす。

金文学は、それらはまたすべて韓国人にも当てはまる性質だと述べながら、「韓国人は日本人のことをあれほど嫌いながらも、中国人よりもむしろ日本人に類似していると言われることを好む」と韓国人の強烈な嫌中感情を説明している。

◎国史論争から見た中韓の対立◎

高句麗とその後継国家渤海国について、中韓双方の国史をめぐる対立と論争が続いている。これは2004年7月、中国外交部がホームページに「中国の少数民族の地方政権のひとつ」と記載し、その歴史を紹介してからではない。じつはかなり前から中国の学者が「高句麗・渤海は明らかに中国の一地方政権である」と主張している。

確かに半島が統一新羅が高句麗・百済を滅ぼしてから唐の属国となり、以来1000年以上にもわたって大陸の歴代王朝の属国になったことは、ハングル世代以前の韓国史でもそう自ら認め、書き記している史実だ。

だが、「檀君開国」の伝説は別としても、三韓時代から三国時代、高句麗史までが朝鮮半島の「国史」ではなく中国の一地方政権だったという中国の主張がまかり通ったら、朝鮮史はいったいどう記述すればよいだろうか。中国政府や中国の学者以外に、高句麗が中国の一地方史だと認める学者はいるのだろうか。

中国歴代の官定正史には、高句麗あるいはそれ以前の北東亜諸民族についての記述があっても、たいてい東夷列伝に列され、いかなる中国の正史もそこが中国の一地方政権だと記述してはいない。

トルコ系の流れをくむ隋の煬帝《ようだい》は、何のために中国史上最大の兵員を動員して万里の長城を超え、高句麗まで遠征したのか。中国史上随一の名君唐の太宗でさえ、高句麗遠征に失敗している。高句麗は朝鮮半島の誇りである。中国政府は、その誇りを奪うべきではない。

秦始皇帝以来、万里の長城が中国の北限だったことは歴史の常識だ。ロシアだけの主張ではない。同じ歴史論争の中で、もっとも類似しているのは、かつての満州をめぐる論争だった（拙著『満州国の遺産』光文社に詳述）。

満州建国は満州住民共通の願いであったのに、中華民国政府は満州事変を「9・18国恥念記日」として洗脳戦を仕掛け、揚句に満州まで中国の地になってしまった。

中国史については、中国史の碩学K・A・ウィットフォーゲルの征服王朝説があった。ウィットフォーゲルは、遼・金・元のみ征服王朝と説き、五胡十六国、南北朝と北魏と清は除外した。この説に異論を唱えた歴史学者は、日本の学会からも排除され、中国政府の政治主張を認める正統主義中華史観が跋扈していたのだ。以来、中国はその味をしめ、高句麗をも中華史観で押し通そうというのが狙いだろう。

日本にもかつて半島と大陸との間で、「好太王碑」や「任那日本府」をめぐる歴史論争があった。史実に忠実な日本人は、歴史には政治的意図が働くことを知らず、あまり歴史の教訓を学ばない。だから日韓、日中の共通の歴史教科書をつくる共同研究の罠にまんまとはまっている。

それは日本の学者と中韓の政治家との歴史研究のほか何ものでもない。

なぜ韓国にはチャイナ・タウンがないのか?

韓人と漢人の間には、長い交流の歴史という因縁があり、韓人のトラウマとして、そのDNAや潜在意識に記憶されている。

言語からいえば、漢語はシナ・チベット・ビルマ語系に属し、韓語はアルタイ・ツングス語系に属している。韓語はどちらかというと日本語とは遠縁の親戚である。

古代から見た半島、三韓時代の韓人については諸説あるが、少なくとも4000年余り前までの韓半島の南部はマレー・ポリネシア系の居住空間だった。中国最初の王朝とされている夏人がマレー・ポリネシア系であるという説は可能性が高いと筆者は考える。少なくとも気候史から見た陸橋時代以後の人類史の移動から見れば、こうした史前史は検証可能である。

漢字は交信のメディアとして使用されているが、共通言語としての漢語はなかった。20世紀以後に中華民国が成立したとき、国づくりに共通の国語が必要となり、漢字の読み方を示す記号（ルビ）が約３０００種類以上考案された。私が中華民国政府統治下の台湾で学んだ国語（北京語）の読み方は「注音符号」といわれ、日本のカナ文字系のルビである。中国で使用されているのは、ラテン文字系（ローマ字系）のルビである。

中国人は古来、皇帝の出身地を中心とする「官語」を時代時代によって使用してきたが、中央から地方へ派遣される官僚は地方語がわからないので、その通訳を務めるのがノンキャリアの吏《り》である。

だが、中華民国の時代になってから中国各地の間で言葉が通じず、国語はどうするかということになった。上海系の呉語や広東系の越語など国語をめぐる論争が延々と続いた挙句、最終的に「決定」ではなく、多数派の北京官語が「国語」ではなくて「普通話《プートンファー》」として、暫定的な共通語として使用されるに至った。

北京語は国語としては適さないと批判するときに、「胡説八道」とよく言われた。「胡人の話、八旗（満州人）の言葉」、要するにごちゃまぜだという非難があった。じっさい、現在の北京語は完全な満州人の言葉ではなく、山東語を主軸とする満人と朝鮮人の山東語の混合語といえる。

山東は満州と朝鮮に近く、山東人は長く満州の地を支配した歴史があり、満・韓との関係は長くて深い。その因縁から近現代史に至るまでさまざまな齟齬が生じている。

殷《いん》が周に滅ぼされた後、箕子《きし》一族が朝鮮の祖となったという箕子朝鮮、衛子朝鮮の記述が中国の正史にある。漢の武帝が朝鮮半島に四郡をつくったとする中国正史の記述もあった。

この歴史をめぐる中韓の論争は現在もつづいているが、近年韓国のネット世代はウリナラ自慢のひとつとして「漢字は韓人がつくった」「孔子は韓人だ」と主張している。この主張は三段論法からいけば一理ある。というのは、漢字の祖型は殷人が占卜《せんぼく》用として使用していた甲骨文字である。孔子の先祖も殷人であり周人ではない。殷は周に滅ぼされ、その一族の箕子が朝鮮の祖となったのだから、中国の「正統主義」の考えに照らしてみても、韓人が漢字をつくったとか、孔子も韓人であるというウリナラ自慢は決して「まっかな嘘」ではない。

一方、半島史は統一新羅の時代からずっと中華歴代王朝の「千年属国」であり、韓文化は漢文化の「亜流」に過ぎないという中国人の主張もまんざら嘘ではない。早々に漢字表記を脱した越人とはちがい、韓人が独自のハングルを創出したのはやっと15世紀に入ってからのことだった。

漢字を全廃したのは戦後になってからである。それでも漢語はすでに韓語の単語の大多数を占め、韓人の言語世界の主軸となっている。現在の首都ソウル（京城）がずっと「韓城」ではなく「漢城」と称されてきたことは、都まで漢人の政治世界から脱出できなかったことを物語るものだ。

一民族一国家の韓国は、近現代国民国家の中でももっとも「理想型」の国民国家のひとつである。それは同時に、数千年の歴史の中で北方大陸から半島まで民族の生活空間が追いつめられた「歴史の結果」ともいえる。

中華民族の主役としての漢人はそもそも黄河の中下流域をホームランドとする夏人、殷人、周人からなる混合文化集団だった。現在の人民共和国は、漢族と非漢族を合わせた56の民族を抱えながら拡張を続けている。

歴史を見れば、満州の地をめぐる争奪で、韓人が満州から半島まで追いつめられたことがわかる。そもそも満州の地は漢人入植封禁の地だったが、日露戦争後には、縄張りをめぐる漢人VS韓人の争いの地となった。

張作霖《ちょうさくりん》が満州を支配していた時代には、漢人VS韓人の血で血を洗う激しい争いが繰り広げられた。それは生態学的には、漢人の麦作、雑穀作VS韓人の稲作の争いだった。漢人が韓人を絶滅させるために、韓人の子どもをとらえて、農作業をさせないよう指を切り取った。張作霖も朝鮮人をひとりも満州に入らせないと豪語していた。

漢人VS韓人との激突のもっとも象徴的な事件は「万宝山《まんぼうざん》事件」が有名で、これが元で後に韓半島からの漢人追放運動にまで発展している。

朝鮮の創氏改名運動は、満州の韓人が生存競争に生き残るために日本政府に対し強力に要求したものである。それは民族が生きるか死ぬかの生存競争の次元で考えるべき問題であって、戦後の反日日本人が「万宝山事件」から派生した韓半島の反漢運動を「日本人の陰謀」であると決めつけ、「政治的見解」を説くのは浅はかなことだ。韓漢の潜在的な対立は、韓国政府の華僑追放運動にもつながる。

それはただ政治の世界からだけでなく、韓人と漢人との数千年にわたる近隣相悪の関係も同質のものであろう。

韓国在住の華僑は「台湾系」であると日本のマスメディアがよく伝えているが、じっさいには台湾とはまったく関係のない山東人である。

そもそも華僑は東南アジアで西洋植民地の番頭として、仏教徒やイスラム教徒とは異なるその強欲さで経済力を強めてきた。戦後、東南アジア諸国が独立したとき、華僑は残留植民地統治者の代理人として嫌悪され、追放された。もっとも激越なのはベトナムで、華僑はボートピープルとなって先祖返りし、大量に流出していった。インドネシアでも華僑は悪の象徴だった。

戦後の韓国政府による山東人追放は、東南アジアとは異質なものであった。華僑の土地、職業、出入国を制限することによってその財産と生活、生存権を奪った。国家主権の確立以外には、「大国人」に対する千年属国としての恨みつらみを清算する意味もあった。

室谷克実《むろたにかつみ》氏は著書『朝鮮半島』（ダイヤモンド社）で、当時50万人を超えていた華僑が「いまや一割もいない」（124P）と指摘している。

韓漢の民族対立は韓日とはちがい、政治的というよりも経済的である。弱者いじめの性格がもっとも象徴的である。

韓国人のウリナラ自慢の中で、「世界で唯一チャイナ・タウンのない国」もそのひとつである。日本では横浜や長崎、神戸にもある。台湾の台北は世界最大のチャイナ・タウンともいわれる。

チャイナ・タウンのイメージとしては、汚い、金が命、犯罪の巣窟といったものだが、中国人生活圏の縮図ともいえる。

だが、韓国だけにチャイナ・タウンがないのは、「韓人が勝った」というだけのシンボルではない。寛容性の欠如そのもののシンボルでもある。

◎「白頭山」はウリナラ領土なのか？◎

2012年のロンドン・オリンピックのサッカー場で、韓国MFの朴鐘佑《パクチョンウ》選手が「独島はわれらの地」というボードを掲げたパフォーマンスと同様、2007年に中国吉林省長春で行なわれた第6回冬季アジア大会でも、女子ショートトラック、5000メートルリレーで銀メダルを獲得した韓国チームが「白頭山はウリナラ領土」と書いたカードを表彰台で掲げるというパフォーマンスもあった。

同じウリナラ領土をめぐる「国威発揚」のパフォーマンスでも、韓国の日中に対する後始末のちがいが見られる。白頭山についてのウリナラ領土のパフォーマンスはやがて韓国の謝罪によって幕を閉じたものの、「独島パフォーマンス」には謝罪せず、韓民族の誇りと正当性を言い張りつづけている。韓国は世界のスポーツ大国であり、世界のスポーツ、地球は韓国を中心に回っているのだと自画自賛している。

同じ領土問題でも、相手が中国と日本とでは、韓国からすれば親と弟に対する態度のちがいがある。また、２００７年と２０１２年は5年の差ではあるが、昨今では「21世紀は韓人の世紀」と吠える韓人の自信のちがいも反映されているだろう。

しかし、この自信とはあくまでも主観的な問題であり、他人から見た場合とは関係ないことだ。

白頭山をめぐる領有問題の争いは、別に人民共和国の時代に入ってからではない。そもそも中国最北の辺境は、漢人自らが境界線として建設した万里の長城より北である。

だが、中国人の王朝・明が満州人の清に征服されたので、征服者である順治帝《じゅんちてい》の祖父アイシンカクラ・ヌルハチを「太祖」として自らの祖先とし、後に満州の地も中国の地と追認した。伝説では、清の太祖の祖先は白頭山で生まれたという。

韓国・朝鮮人の祖先檀君《だんくん》もまた、伝説では同じ白頭山の地で生まれた。さらに歴史的な関わりからして、満州人は中国人よりも朝鮮人とのほうが近い関係にある。大陸半万年史の中で、満州人と朝鮮人は同種、同俗までいかなくても近縁の親戚だ。本来なら満州の地は韓人、鮮人の地だった。

中国人の祖先とされる黄帝はさらに西のほうの陝西《せんせい》の出である。中国人はさらに炎《えん》帝《てい》（神農氏《しんのうし》）までも加えて「炎黄の子孫」「龍の伝人」を自称するが、モンゴル人のチンギス・ハーン、満州人のヌルハチの子孫とまで称するのは、祖先が多すぎる。下心が見え見えで、その遺産を狙っているからではないのか。中国が韓国国史の一部である高句麗、さらにその後継王朝、渤海国まで「中国の一地方政権」と主張するのは、いくら中国が超大国でも、韓国人は絶対許せない。

満、鮮両族はすでに1712年に白頭山をめぐり、「西方を鴨緑《おうりょく》とし、東方を土門《どもん》とする」と国境を定めた白頭山定界碑を建てていた。清が中国征服後に満州の漢人流入を禁止する「封禁」政策をとった後からも、朝鮮農民が満州に流入しつづけている。

1905年の日露戦争後、第2次日韓協約により韓国は日本の保護国となる。

日清間の国境をめぐるいわゆる「間島」問題について、1909年に「満州及び間島に関する日清協定（間島協定）」を締結、間島は清の領土となり、決着がついた。

中華人民共和国成立後、北の朝鮮との間に、白頭山の天池のほぼ中央に国境線を引き、鴨緑江、豆満江を国境とすることが定められた。

韓国は2005年、間島条約が結ばれた9月4日を「間島の日」と定める一方で、「間島返還国民運動本部」が中国からの「間島」返還運動を展開しはじめた。同本部は「吉林朝鮮人自治州」の中国からの返還要求と韓国、朝鮮、高麗の民族統一をめざしている。

◻竹島をめぐる日韓領土紛争のはじまり◻

江戸時代には日韓の間で鬱陵島《うつりょうとう》・于山島《うざんとう》をめぐる領有の争いがあったものの、「竹島（独島）」をめぐる争いは記録にはなかった。

あの時代、竹島は日本漁民のアシカ猟やあわび漁の漁場で、バラック小屋やアシカの製缶場まであった。しかし植生《しょくせい》は皆無に近い岩場で、水不足で長期居住することはできず、無人島のままになっていた。

江戸鎖国の時代は、清も同様の鎖国で、朝鮮はそれ以上の完全密閉だった。李朝時代は、朝鮮にはいわゆる「領土主権」はほとんど存在しなかった。国際的に「独立主権国家」として認知されたのは、日清戦争後の大韓帝国時代ぐらいのものである。それ以後はいわゆる「日韓同君合邦国家」になっている。それは当時の国のかたちの変化である。

たとえばイギリス海軍が韓国領の巨文島《コムントウ》を占有した後、李朝国王や李朝朝廷ではなく、清の駐英大使曽紀沢《そうきたく》に報告し、了解を得ただけですんだ。だから清統治下の韓国で、近海の無人島どころか半島においてさえ領土主権など云々するところではない。

竹島の領有紛争をめぐって時系列に追っていくと、次の5つに要約することができる。

（1）1952年に米軍占領下で南北分断独立後の韓国政府が李承晩ラインを一方的に宣言し、竹島の領有権を主張した。

その背景には、戦後、サンフランシスコ平和条約が調印された際、韓国側の竹島領有要求に対して、アメリカ政府が「竹島は日本の固有領土」という意向を示した経緯がある。

この李承晩ラインの一方的な通告は、1965年に結ばれた「日韓基本条約」（日本国と大韓民国との間の基本関係に関する条約）によって廃止となった。しかしその間には李承晩ラインを越えたとして、日本の漁船328隻が拿捕され、日本人44人が死傷（うち5人が死亡）、3929人が抑留されている。海上保安庁巡視船への銃撃事件なども15件発生している。
（2）1953年、竹島の領有をめぐって、韓国は独島守備隊を送って駐屯させた。これに対して、日本も海上保安庁と島根県が竹島調査を行ない、「島根県隠岐郡五箇村竹島」の領土標識を建てている。
（3）1954年には韓国の沿岸警備隊が竹島に領土標識を設置し、沿岸警備隊を駐留させ、さらに1956年には鬱陵島警察より警官8名を竹島に常駐させ、実効支配を強めていき、現在に至る。
（4）実効支配を強化するため、1997年に韓国は500トン級の船舶が利用できる接岸施設を設置し、1998年に有人灯台をつくり、2004年には鬱陵島から観光船を就航させている。

（5）2005年、島根県議会が2月22日に「竹島の日を定める条例」を可決すると、韓国も慶尚北道《けいしょうほくどう》議会が10月を「独島の月」として、日本との交流を制限する条例を制定し、領土紛争はエスカレートしていった。

□韓国が主張する歴史的論拠□

では、韓国が竹島を自国領だと主張する「歴史論拠」について説明すると、次の5つに要約することができる。

（1）最古の主張としては、古代に于山国があり、512年には新羅に服属している。この于山国が欝陵島であり、かつ竹島でもあり、朝鮮の領土であるのは自明のことだ。『世宗実録地理志』（１４５４年）にも『三国史記』巻第四、新羅本紀にもある。

（2）鬱陵島、于山島は朝鮮古来の島である。17世紀末、朝鮮人の安龍福《あんりゅうふく》が日本に渡り、幕府に竹島について朝鮮のものだと認めさせている。『三国通覧図説』には鬱陵島が朝鮮のものと書かれている。江戸幕府も竹島の韓国領有を認めていた。

（3）日本が竹島を島根県に編入したのは１９０５年のことであり、その通告がなされたのは日本が日露戦争（１９０４〜０５年）で韓国から外交、軍事権を奪った年であるので「侵略」である。日本は編入の決定を韓国政府に通報しなかった。国際法上では日本領土編入は無効である。

（4）日本の林子平が著した『三国通覧図説』に、竹島が朝鮮の領土だと明記されている。同著は仏語訳などもあり、日本の地理史として国際的に認知されている。

（5）江戸時代に日本で出版された書籍も独島を韓国領として認めている。

◎「独島愛パフォーマンス」のいびつさ◎

北方領土だけでなく尖閣も竹島も、日本人は領有の歴史的論拠に関心が強いが、中国や韓国にとっては歴史的論拠などどうでもよいことである。

いかに声を大きくして「オイラのもの」と主張するかが大切で、それ以外はどうでもよいことだ。

その行動様式は、すでに小学生の頃から鉛筆を奪い合うことで育てられている。他人のものを奪って、声高に自分のものだと主張し、周りに納得させた者が勝つ社会だから、他人に奪われないように鉛筆の端を削って自分の名を書き込むのが小さな智恵となっている。消しゴムも同じだ。いかに「言い張る」かは、幼いときからの訓練で培われている。

文革時代の中国では「造反有理」「革命無罪」のスローガンがあった。「易姓革命」が正当化される社会なら、「革命無罪」はしごく当たり前のことだ。もちろん「反日無罪」も当然である。それが黙認される以上、そういう気風も自然に生まれてくる。自己中心の社会で、自分こそ例外、自分だけは誤りがないと考え、他人のことはどうでもよい。

日本人に対してだけでなく、赤の他人はすべてそうである。ことにタクシーの運転手や露天商にとって、赤の他人はカモにしか見えない。中華の世界はそういう社会だと理解するのが早い。若干心配なのは、文化人や言論人までそうだとなると、この国の先はもう見えている。

たとえば、ロンドン五輪のサッカー3位決定戦後で、MFの朴鐘佑選手が「独島はわれらの地」とハングルで書かれたボードを掲げてピッチを駆け回った一事は、誰にも鮮烈な印象を残した。国際スポーツの世界では「常識はずれ」の行為だ。だが韓国の国内では英雄的な行為だと称賛、自画自讃することは、韓国人特有のものである。

韓国人にとっては「独島領有問題」は問答無用である。むしろ「独島愛パフォーマンス」をどうやって行なうかが最大の関心事だ。

幼いころからの「独島」教育をはじめ、「独島愛の汎国民運動本部」による内外に対する広報活動、「独島愛」と文字が刻まれたクッキー、独島愛の大音楽会など、独島愛全民運動の国内外への展開にさまざまなパフォーマンスを創出し、商品化までしている。

韓流スターも李明博元大統領も、この「独島愛パフォーマンス」に出演している。独島愛のキャンペーンのために、さまざまなイベントが開催される以外には、金融、IT、通信、製造業界などあらゆる分野で新商品開発が続々と進んでいる。たとえば大邱銀行の仮想サイバー独島支店の開設から「独島弁当」の売り出し、「独島」観光業者も大はやりである。

歴史、領土問題にからみエスカレートする韓国の「独島愛パフォーマンス」により、日本との衝突は避けられないのであろうか。

止まらない対日「歴史問題」のゆすりたかり

「(日本が) われわれの同伴者として21世紀の東アジアの時代をともに導いていくためには、歴史を正しく直視して責任を負う姿勢をもたなければならない」

これは新しく大統領に就任した韓国の朴槿恵《パククネ》大統領が3月1日、「3・1独立運動」式典で述べた演説の一節である。

いうまでもなく、歴史を直視していないのは韓国である。日本人に「歴史を直視せよ」と要求することは、日本人が考えているような「史実に基づいた歴史を知ろう」というものではなく、韓国が創作した歴史を丸飲みせよということである。今の韓国人が歴史を直視するには少なくとも2つの壁がある。歴史を直視することはむずかしいというよりも不可能である。

そのひとつは古代史から近現代史に至るまで、韓国史が「歴史」というよりも小説に近い「創作」であることだ。歴史の真実というよりも政治のための「歴史創作」である。「歴史」に限らず、経済や文化についても嘘は多い。だから、「韓国人は世界一の嘘つきの民族だ」ともいわれ、「真実なのは詐欺師だけ」（中国の諧謔）と嘘つきを自認する中国人と比べ、いったいどちらが世界一か甲乙つけがたい。大中華も小中華も、「国」も「人」も嘘だらけというのが真実ではないだろうか。

韓国は、近代国民国家としての国づくりはおろか、民族育成としての人づくりでも「自国史」を直視することができない。だから必然的に日本史の史実も、あるいは史観でさえも直視できない。学校の「国史」教育や日本に対する「歴史」の押し付けがその事実を物語っている。韓国が「歴史問題」だとして日本に対し「歴史検閲」を行なうことはあっても、反対に日本が韓国における韓国史の歴史教育に逆検閲を行なうことはない。

もうひとつは、今や現代韓国人の主役はほとんどが「ハングル」世代になっていることである。中国も簡体字世代になっている。この世代は漢字（繁体字）で記述されている歴史原典を読めないため、新しく訳出された「歴史」（新語の歴史）が主流になり、真実の歴史はますます読めなくなる。

そのため「歴史創作」によって改竄された歴史の支配がますます社会の主流となり、「ノンフィクション」よりも「フィクション」に洗脳される時代になっていく。「ハングル化」された歴史以外には、真実の歴史を知ることができなくなる時代となっていくのだ。

創作された歴史にはどんなものがあるのか、もっとも具体的にいえば、いわゆる「日帝三六年の七奪（国王、主権、生命、土地、資源、国語、姓名を奪った）」などの歴史主張と歴史教育である。それは史実とはまったく真逆の史観である。私が検証したところでは、「七奪」どころか、むしろ「七恩」か「七布施」だったというのが歴史の真実である（詳細は拙著『韓国は日本人がつくった』徳間文庫刊）。この「七恩史観」は、もっと正確に表記するならば、歴史の七大貢献と語ることもできる。具体的にはいわゆる「日帝三六年」の歴史貢献とは以下の7つである。

（1）朝鮮を中華の千年属国から解放した

（2）植物依存文明から産業社会化による朝鮮半島の国土改造と生態学的更生を達成した

（3）優生学的医療、衛生、環境改善および教育の普及によって、国民の民力と近代民族を育成した
（4）日本とともに世界へ雄飛させ、民族生活空間を地球規模へ拡大させた
（5）伝統的階級制度から奴婢を解放した
（6）朝鮮伝統文化を保護し、保存と再生を行なった
（7）朝鮮の民力を超えた近代社会を建設した

以上の「日本が韓国に行なった7つの歴史貢献」という見方は、「日帝三六年の七奪」を主張する韓国の歪められた史観とはまったく異なる史説史観であるが、これこそが歴史の真実である。こうした真実の歴史を、日韓双方の国史、さらに世界史の中でどう記述するかがこれからの課題だ。

かつて「日本を永遠に反省、謝罪させる」と豪語した江沢民主席が1998年、「共に未来を語ろう」といって訪日した際、「過去のことをはっきりしないかぎり、未来は語れない」と日本を一方的に非難して、もめにもめた。だがその後2002年にベトナムを訪問した際、ベトナム政府から過去の懲罰戦争についてはっきりさせてか

らと求められると、江は「もう過去のことだから、前向きに将来のことだけを語ろう」と発言。じつに都合主義だったことは、よく知られている。

朴槿惠現大統領も日本に対して「未来」よりも「過去の歴史」にこだわっている。ハングル世代が歴史の真実を知るにはさまざまな壁がある。これからの韓国にとって、尚古主義は悲劇以外の何ものでもない。日本よりも韓国のほうが百害あって一利なしだ。「未来」よりも「過去」にこだわる朴大統領の方向性は、リーダーとしての意向というよりも、韓国の国情そのものだろう。これからの韓国の未来は、すでに見えている。過去に固執する今の韓国のハングル世代は決して聡明ではない。

第3章

だから日本人は騙《だま》される

□日本人は、なぜ中国人の正体が見えないのか？□

中国人は、なかなか理解できない。中国専門家やチャイナ・ウォッチャーでも例外ではない。逆に中国学者であればあるほど中国を知らない。それは中国の言説に大きく左右されるからだという理由も考えられる。日本人は永遠に中国を理解できないとまでいえるのである。

実例を見ると、江戸時代の朱子学者といえば、今でいう中国学者かそれ以上の東洋学者、古今東西の学を知る学者ともいえる。彼らが「経典」から知った中国とは「聖人の国」「道徳の国」である。

一方、国学者は同じく実地見聞がなくても、天地万物の原理原則から中国を理解し、漢意唐心と和魂和心を比較して、中国についてむしろ朱子学者より正確にその実像をとらえている。

戦後に中国学者と文化人によって流布された「蚊も蝿も鼠も泥棒もない地上の楽

園」説が実態とはまったくちがい嘘だったことは、竹のカーテンの時代が過ぎ去った現在、すでに知られている。

たとえば戦後、日本における中国学の大御所のひとりである東大教授の衛藤審吉氏は、「あれほど多くの中国学者がいながら、ひとりとして文化大革命や林彪《りんぴょう》事件を予言した者はいない」と嘆いたほどだった。

中国は土地が広く歴史が長い。だから中国を知ることは、仏教の寓話に出てくる「盲者が象をなでる話」のようなもので、その一部しか知ることはできない。

日本と中国とは一衣帯水《いちいたいすい》といわれ、通交の歴史も長い。だから世界の国々の中でも一番中国を知っているはずだ。

だが、日本人にかぎらず、中国人もじつは日本人以上に中国のことを知らない。その理由は情報鎖国により風説風聞しかないというほかに、人間不信の社会でもあるからだ。じっさい中国人は中国人については知っていても、日本人以上に中国の事情を知らない人が多い。文革のことも天安門のこともまったく知らない中国人留学生はじつに多い。

貝塚茂樹氏の著書にもあるように、日本における中国語学の大御所である倉石五郎先生が毛沢東の講話を耳にしてわからないだけでなく、毛沢東、蔣介石、孫文などの国家指導者の話を聞いてわかる中国人もそれほど多くはない。極端な場合には、山、川をひとつ越えたらまったく言語が通じない社会だ。昔は、官が地方語を知らないので、地方語の通訳を吏が務めた。同じ漢人でも、共通の漢字・漢文があっても、共通の漢語はない。だから中国人のメディアは、語よりも字だといえる。

日本人が中国を知るのがむずかしいのは、こうした理由によるだけではない。中国人とは、考えていることと、口にすることと、やっていることがちがうため、嘘を知っていても、真実とは何か知るよしがないこともある。

ただ嘘を看破する洞察力があるだけでは、中国人を知るのには足りない。ことに漢字の文章体系は、きわめて圧縮された交信のメディアである。古典であればあるほど「注」がないと読めない。さらに注のまた注である「疏」がないと読めない。知っているようで知らない「一知半解《いっちはんかい》」なメディアなのである。

文語文までがこんな調子だが、さらに白話文《はくわぶん》（口語文）となると、その地方の人間でないとさっぱりわからないし、読めないものも多い。

日本人が中国の語と文を通じて中国を知る場合には、もうひとつ壁がある。それは直訳だけでは真に理解するのはむずかしいということだ。

たとえば領土問題の表現については、中国は台湾がほしい。ほしいことを拒否されると、分裂主義者だと決めつけ、反国家分裂法までつくる。もっとわかりやすくいえば、この女性と結婚したいと一方的に思っているだけで、まだ結婚していないのに「離婚反対」だという。この中国独特の言語表現はプロパガンダにもなる。

尖閣がほしい中国は、まったく関係のない古典を引用して領有の根拠としようとしている。尖閣について約60の古典をとりあげているが、じっさい私が時間をかけて調べても、中国固有の領土とはひとつも書いていない。それなのに中国政府はそれを羅列して「歴史的証拠」と言い張り、「600年前から中国が実効支配している」「日本が盗んだ」と主張している。

だから中国については、ただ言っていることを「直訳」するだけではわからない。ことに実直にしてまじめな日本人は、中国の罠にもっともかかりやすいのである。

日本の対外戦争を問う

世界史から見た日本の戦争は、決して絶無《ぜつむ》ではないが比較的少ない。それは列島という地政学的な理由によるのではないだろうか。少なくとも半島と大陸に比べると少ない。

日本の対外戦争が比較的少ない理由については、海という自然の防塁《ぼうるい》（トリデ）があるという地政学的な理由だけではなく、生態学的、植生学的な理由もある。だから大陸の中国のように万里の長城という人工的防塁を築かなくても済んだ。

風土によって生活様式も異なり、もちろん文化・文明もちがう。中華世界や東亜世界の歴史を限定的に見ても、万里の長城という人工の防塁、長江という自然の天険《てんけん》があっても、北方の遊牧民はくりかえし中華世界の農耕圏に入ってくる。

中華帝国に限定して見ても、農耕民だけは歴代王朝の主役になることができなかった。五胡十六国・南北朝、五代十国、さらに契丹《きったん》人の遼、女真《じょしん》人の金、タングート人の西夏が中華世界の北方に君臨し、モンゴル人の大元、漢人の大明、満州人の大清のように華（漢人）夷（非漢人）が交互に中華世界に君臨することにもなる。

だから「易姓革命」期をめぐる戦争だけでなく、新王朝が確立すると、きまって対外征服戦争を行ない、領土を拡大していく。

中華帝国以前の時代は「先秦時代」といわれ、春秋戦国時代は戦争が絶えなかった。梁啓超らの統計では、中華帝国の時代になってから2000年余りのうち戦争の時代は800年余りに達している。編年史である『資治通鑑《しじつがん》』の現代語訳者の柏楊氏によれば戦争のない年はなかった。

日本にも「戦国時代」があったが、日本の戦国時代は中国の春秋時代の戦争と似ていて、主役は「武士」であり、中華帝国以後の中国のような「全民戦争」の戦争様式ではない。

動員兵力の数から見ても日中の戦争はケタちがいである。たとえば日本史上最大規模といわれる関ヶ原の合戦を見ても、東西両軍合わせた動員数はせいぜい15万人ぐらいのもので、農民は弁当を用意して山上で観戦している。賤ヶ岳《しずがたけ》の合戦でも山の斜面に観戦者が埋めつくしている。

中国の戦争を見ると、有名な「赤壁の役」も「肥水の役」も曹操と苻堅《ふけん》の征伐軍だけでも公称「100万人」とされ、隋の煬帝の高句麗遠征では数百万人を動員していた。20世紀初めに華北を荒らしまわった白狼の匪賊集団だけでも日本の関ヶ原の東軍の規模に匹敵する。辛亥革命後の中華民国の内戦を見ると、四川省だけでも500回起きている。日本では見られない村VS村の戦争――「械闘《かいとう》」は、1990年代にも江西省だけで年に300回以上起きている。

日本の対外戦争は、たいがい朝鮮半島が争乱の地となる。唐軍との白村江《はくそんこう》の役も、豊臣秀吉の征明も、日清戦争も、すべて朝鮮問題がきっかけで起きている。

日本はいったい何のために対外戦争を戦ったのか、改めて自らに問わなければならない。

◻戦後日本の新アナキスト◻

戦後半世紀以上経っても、地球人や宇宙人になりたがる日本人はまだまだ多い。「日本人として恥ずかしいから地球人になりたい」と語った旧社会党（社民党）から民主党に入った政治家もいる。また、じっさいに「宇宙人」と呼ばれ、「日本列島は日本人だけのものではない」と語り、「友愛」を掲げ、東シナ海を友愛の海にしたいと発言する元総理もよく知られている。

宗教家や信仰をもつ者ならば、地球人や宇宙人になりたいというのはわかる。なぜなら宗教家は土俗的なものでさえコスモポリタン的な考えでとらえることが信念でもあり、深い人類愛を持ち、四海みな兄弟と教えているからだ。

かつて日韓合邦推進の韓国側の主役を務めたのは、公称１００万人の最大の民間団体である合同一進会であった。韓国の東学党系の流れをくむ結社であり、考え方はコスモポリタン的で、民族のちがいをのりこえる理想と夢をもっていた。

西欧の大都市でスリとして暗躍するジプシー（ロマ人）は国をもたない文字通りの「地球人」と言えるが、近年、中国人の増加により彼らもじょじょに縄張りであった南欧のラテン諸国から追われている。

この地域で増えている中国人は、中国人意識をほとんどもたない温州人で、彼らはじょじょに欧州の「新地球人」になりつつある。「無国の民」という意識が強い台湾出身の私にとって、「日本人として恥ずかしいから地球人になりたい」という話は、いかにも贅沢に聞こえる。ことに国会議員の資格は日本国籍をもつことが「法的な」最低条件となっているので、心にもないことをいう嘘つきか二重人格者かとさえ思ってしまう。

戦後、学界でも言論界でも、日本人よりも地球人や宇宙人になりたがる者がわんさといる。彼らはずっと日本人に教え、はっぱをかけ、指図してきた。そのもっとも代表的な隠れ蓑が市民運動と平和運動である。戦後日本最大の獅子身中《ししんちゅう》の虫、2つの敵ともいえる。

なぜかというと、国民意識が市民意識にとって代わったときに国家衰亡の運命をたどることは、すでに決まっている。

平和運動は人類有史以来つづけられてきたが、それでも戦争はなくならない。それは平和を保つのには戦争以上のエネルギーが必要だからで、運動や理念でできるものではなく、国際力学のしくみだからである。

日本の平和運動はただの念仏平和主義というよりも、日本の自衛力を衰退させることにつながる有害なものだ。

20世紀初頭までは、西欧だけではなく東アジアでもアナキズムが一世を風靡した。中国共産党初代の書記長陳独秀《ちんどくしゅう》は、アナキストとして党から粛清されている。

地球人や宇宙人になりたがる戦後の日本人は、私は新アナキストとして連想させられる。時代に流されていくのは、さけられない運命ではないだろうか。

◎大量に繁殖する反日日本人の恐怖◎

中国の民族主義、愛国主義運動は、アヘン戦争後の太平天国の「討胡《とうこ》」から始まり、20世紀初頭の「滅満興漢」を経て戦後の反日抗日に至るまで100年以上が経つが、根を下ろすのがむずかしい。だから、90年代に入ってから「愛国主義、民族主義、中華振興」を国是国策にしなければならないのであり、それが歴史の歩みを実証するバロメーターとなることは前述したとおりである。

韓国の場合、愛国主義や民族主義は、中国に比べやや遅れて戦後になってから育てられたものといえる。1919年に韓国で起こった3・1運動に刺激され、同年中国で、5・4運動が発生したのも事実ではある。

しかし、韓民族の運動は少数の運動家だけに止まり、全国的には広まらない。社会主義運動の影響もあり、20世紀前後の東学党のような土俗的色彩の強い民衆運動は、20世紀前半には半島から消えてしまったというのが史実だ。

だが、民族意識について見るならば、小中華は大中華以上に強く、そのちがいについてはさまざまな理由がある。

日本人の国民意識は明治国家の時代からじょじょに熟成して形成されたものである。20世紀初めに来日した清朝の留学生が、日本の青年男児の入隊に際し、家族や友人が「祈戦死」というお祝いの幟を掲げて見送っているのを見て、「感極まり」などと絶賛したことが多くの記録に残っている。

しかし、戦後の日本人は「一億総懺悔」の空気の中で、「反省と謝罪」をくりかえし、メディアと教育の洗脳によって反日日本人が大量に繁殖。戦後の日本社会独特の精神現象が生み出された。この反日日本人も時代とともに今や消えつつあるが、その残余勢力や残党はなおも残存している。

彼ら残党について、3つのタイプ別に例を挙げてみよう。

まず、社会党出身のある政治家のように、「日本は中国から文化を教えてもらったという恩義」があり、「日本はかつて中国を侵略したことがあった」から、中国がいくら理不尽な暴走や暴挙を犯しても「理解」を示すべきである。だが、日本人が同じことをしたら絶対許さないという「反省と謝罪」にこだわる**「恩義型」**反日日本人。

次に、あるベストセラー作家や長崎市の元市長らのように日本人はすべて悪い、人間のクズ、日本が中韓から尖閣と竹島を奪ったのは日本人の「強い貪欲」からと、「醜い日本人」を執念深く信仰する**「日本人劣等人種論型」**反日日本人。

そして、外務省出身のある作家のように、中国が「600年間尖閣を実効支配していた」「カイロ宣言で尖閣の主権が中国にあると謳われている」などの主張をすると、すぐ孫引きして中国に呼応、「日中戦争になれば中国が30分以内に日本を全滅させる」と恫喝すれば、すぐ日本は必ず負けると伝言する**「即応代行型オウム類」**反日日本人。

ただ、「日本人として恥ずかしい。だから地球人になりたい」といったり、「友愛」ばかりにうつつを抜かしている宇宙人政治家などは、いったいどういうタイプに入れるか、今なお思案中である。

反日日本人は決して戦後生まれの異端児ではなく、以前にもあった。だが、人間はたいてい誰でもその土地に生まれ、その土地の水を飲み、その土地の産するものを食べ、その土地に育てられたら、その土地を愛するのが人情というものである。どのような屁理屈をこねても人情は人情で、普遍的なものである。

反日日本人のいう屁理屈はそれぞれちがっていても、日本の伝統文化と価値観を否定し、民衆を愚民と見ることについては若干差があっても、共通しているのは日本にのみ限定した「反国家」の感情である。

しかし、なぜそれほどまでに日本が憎いのか、私には理解し難い。

◻ 日本言論人の危うい言説 ◻

日本人は昔から外の世界がきれいに見え、また理想化する。遣隋使、遣唐使だけでなく開国維新後も外に学び、坂の上の雲をめざしてのぼっていく。一生懸命に努力するので上達も早く成果も抜群である。それも日本人のよいところである。

だが、日本人はいつも真心で疑いの心がない。外の言説そのままを真実だと思い込み、その真偽を弁別することをあまりしない。

たとえば、中国の古典はあるものを書いているのではなく、あるべきことしか書いていない。逆説を言えば、ないからあるべきだという願望を込めて「ある」と書く。だから中国の経典はたいていあるものを書いているのではなく、あるべきことか理想について語るものだ。

しかし、江戸時代の朱子学者は、書いてあるものをそのまま真実だと思い込み、中国を「聖人の国」「道徳の国」だと錯覚する。

戦後の中国学者をはじめ進歩的文化人は、「蚊も蠅も鼠も泥棒もいない地上の楽園」という中国の宣伝を流布したことはすでに述べた。流布した者は、中国がただあるべきことを言ったのを真に受けて、伝えただけかも知れない。だが、じっさいには嘘つきの片棒をかついだ共犯者である。

戦後、ことに人民共和国成立後の中国は竹のカーテンに閉じこもってしまった。そこから流れてくる情報は、たとえプロパガンダの意図はなくとも「やりたいこと」あるいは「計画」や「政策」に過ぎないのに、専門家はすぐこの「あるべきこと」を

「ある」と伝え、嘘つきになってしまった。

日本人はたいてい疑わずに信じ、そのまま理解し納得するのが国民性だから、一度外に出れば騙される。何回も何回も同じように騙されても懲りないバカのつく正直者ばかりだ。

古代、中世だけでなく、現代の日本人も占いを好む。占いを扱うテレビ番組も多いし、また、言論人も占い師に近いような者が人気がある。

人気がある言論人の著作を読むと、たいていが今はこうあるべきだ、これからこうなるだろう、といったことしか書いていない。過去についての常識が不足しており、まちがっているので、現実の社会の真実にも疎い。将来のことについては当たるも八卦、当たらぬも八卦、たまに当たったらすぐ人気が出る。

それが今の日本の風潮だ。学者も言論人も無責任な占い師ばかりである。戦後すでに70年になろうとしているのに、このままの日本でよいのか。何とかしなければならないと、多くの人が感じているのではあるまいか。

日本人は「歴史」や「靖国」の問題よりも「領土」問題により強い不安と関心をも

っている。中韓のいわゆる「歴史的論拠」はほとんどが嘘だと思ってほぼまちがいない。しかし、歴史の嘘を知ることはむずかしいので、勝つための物量作戦が重要となってくる。

「嘘も100回言えば真実になる」ということを中韓はよく知っている。日本人はこれまでのように真偽にこだわるよりも、どうすれば勝つのか、勝たなければならないのかにもっと力を入れて取り組むべきだろう。

◎日本メディアの誤解◎

日本のマスメディア、ことにメジャーの台湾の尖閣関連についての報道は、主に国民党系の主張を中心に伝えるものが多く、「偏向報道」といわざるを得ない。

台湾における尖閣をめぐる領土主権の主張については、少なくとも三大グループに分けられる。李登輝元総統と台湾団結聯盟党は尖閣の主権は日本にあり、台湾の伝統的漁業権が尊重されるべきという考えを公にしている。最大野党の民進党は、主権は台湾にあるが国民党や中国の主張には同調も共闘もしないという立場。国民党の主張は中国政府とはまったく同じである。

現在、馬英九政府内政部の尖閣関連の主張は中国外務省と雷同したもので、中国の外務省も中華民国内政部の主張を引用するほど一体化している。

日本のマスメディアが台湾の尖閣関連情報を正確に伝えることができないのは、主に2つの原因による。

ひとつは台湾のマスメディア問題である。戦後、台湾のメディアは、20世紀以来の和字を中心とした情報システムから漢字システムへ転換した上に、蔣介石親子時代から約40年の長きにわたって電波、新聞などへの情報管制が行なわれた。情報統制は秦始皇帝以来2000年以上の歴史があり、時代とともに強化され、科学技術の発達によってマインドコントロールの効果が向上した。

もうひとつは、中国資本による台湾メディアの買い占めである。

現在、台湾系のメディアはテレビでは「民視」と「三立」の2社、新聞では「自由時報」1社しか残っていない。言論人はこの状況を「三明治」（サンドイッチと同じ発音）と呼んで自嘲している。この「三、民、自」もそれぞれの事情を抱えているので、台湾のメディアは完全に中国の支配下にあると考えてよい。

日本の大手メディアの台湾駐在員はたいてい数年で交替するので、台湾の全体像だけでなく、裏情報や複雑な事情を把握するのは極めてむずかしく、誤報も多い。ことに尖閣をめぐっては長い紛争の歴史があり、その流れを知るジャーナリストはさらに少ない。曲解と誤解も多い。

そもそも沖縄・尖閣の施政権をめぐる尖閣問題は、70年代前後に国民党系の在米留学生を中心に保釣運動が起こったのが発端である。当時、蔣介石は「琉球亡命政府主席蔡璋」を台湾北部の基隆市を庇護利用しながら、日本と沖縄に分け、大使館に当たる代表部に送りながらも、日本との外交関係を守るため保釣運動への関与には消極的だった。

その後、中国政府は「台湾は中国のもの、釣魚台は台湾のもの、だから釣魚台は中国のもの」と三段論法で領有権を主張するようになったのだ。

「中国共産党統一戦線部」が保釣運動を統一指導、指揮するにつれてアメリカにおける保釣運動も分裂し、台湾、香港などを中心とする「統一運動」に変化していく。

じっさい、台湾の保釣運動活動家は数十名のみで、そのうち約半数を黒道（チャイナマフィア）が占める。マスメディアと連動しながらも、資金問題をめぐって内部のいざこざが絶えず、じょじょに中国共産党統戦部の指導下で現場指導されるようになっている。

台湾発尖閣をめぐるさまざまな活動は、台湾の海洋関連諸法の規定があるので、政府が許可あるいは黙認しないかぎり、台湾海域を出ることは絶対不可能である。尖閣をめぐる台湾漁船の活動は、台湾の海洋法規定から見れば、その背後に何があるかは明らかだ。

馬英九総統は、保釣運動活動家の出身である。当時、夫婦がハーバード大で行なっていた諜報活動について、同時代の台湾留学生から暴かれ、目下訴訟中である。

馬の博士号の卒論は釣魚台の研究であるが、スペルだけでも1000以上のまちがいがあり、ネット世代が「博士号授与の資格はない」とハーバード大に抗議中だとも伝えられている。

アメリカで保釣運動が盛んだった時代から約40年にわたって、私は新聞、雑誌の担当者として関連情報を取材してきた。

また、日本時代の台湾宜蘭郡頭城の尖閣管轄文献の調査、台湾の各大学の尖閣関連の修士・博士論文の引用原典のチェックなどにたずさわってきた。日本人活動家の尖閣初上陸と灯台設置、台湾メディア界長老の陳重光氏、そして尖閣の裏事情と台湾との関わりにたずさわってきた黄昭堂氏など、関係者のほとんどが鬼籍となっている。尖閣問題の過去を知る関係者が少なくなっていくのが現状である。

だが、台湾における尖閣問題についての日本メディアの報道に偏向があることを、日本人はもっと知らなければならない。

◻日本が抱える領土問題◻

戦後日本が抱えている領土問題は、大日本帝国とともに消失した開国維新以来の国土の問題以外に、ロシアとの北方領土、韓国との竹島、中国との尖閣以外にも、最南端の沖ノ鳥島の問題がある。

だが、これらの問題は状況がそれぞれ異なる。北方領土は現在ロシアが実効支配しているが、双方の交渉がずっとつづいている。

竹島と尖閣の領有権については、韓国にも中国にも領有権が存在するという歴史的、国際法的論拠はない。ただほしいだけのゆすりたかりの一言に尽きる。

沖ノ鳥島問題については、排他的経済水域問題が根底にある。中国、韓国は日本の沖ノ鳥島について「あれは島ではなくただの岩だ」として、日本の排他的経済水域を認めようとしないが、「固有の領土」だという主張さえできない。地球温暖化などによって水没する恐れがあるので、日本は島を守るのに必死である。

領土の大小は一定ではない。「固有の領土」はどう決めるのか、国際法的に決めるのはむずかしい。日本の例だけを見ても、大日本帝国の時代と今現在の日本はかなりちがう。だから地図には歴史地図もある。

今の日本の人口は、世界の200近い国の中で10位だが、領土は主要4島以外に6852の島（周囲100メートル以上）をも含めて38万平方キロメートル、世界で59位である。現在の日本の領土範囲は、法的には1951年のサンフランシスコ条約以後に確定されたものである。

領土の大小を決めるのは、国力によることも多い。

たとえば一時は隆盛を誇ったモンゴルもトルコも時代とともに縮小して今日に至っている。チベットのように中国に呑み込まれ亡国した例もある。現在の中国の中心民族は、そもそも中国黄河中下流域の中原地方に生まれた文化集団だった漢人だが、領土の拡大と縮小の一進一退で今日に至っている。

アメリカも200年余り前の13州から今日の50州に至り、大西洋と太平洋にまたがる世界の大国となっている。ロシアもモンゴル人の支配下から抜け出し、ボルガ川のモスクワ大公国から起こり、さらに膨張しながら今日の世界最大の領土大国になる。

そもそも領土問題とは、歴史よりも国力によって決まる問題である。ドイツとフランスが歴史的に係争しているアルザス・ロレーヌの領有についてはどう決めるか。最後にはやはり戦争の勝敗によって決める。イギリスとアルゼンチンのフォークランド問題もそうだった。こうした陸と海の支配をめぐる問題を説くのがハートランドとシーランドの政戦略の理論である。

戦後日本人の国家意識の低下にともなって、日本列島もあらゆる分野で劣化しつつある。領土問題は「理」よりも「力」の問題であることを、文化人も言論人もあまり語りたがらない。

日本の領土・領海問題は、戦争に負けたことから生まれたものだ。そもそも中国も、韓国も、ロシアも陸の国だった。文化・文明的には海と島とはかかわりのない、論外の問題だった。北方領土、竹島、尖閣に対する露、韓、中の理不尽な主張やふるまいは日本の国力に関係している。

それだけではない。南シナ海をめぐる紛争も、大日本帝国が消えたから起こったのである。

あの時代の日本の最南端が、台湾高雄州新南群島（平田群島）であったことは、あまり取り上げられていない。大日本帝国が消えた空白から南シナ海の領有問題が生まれたことが、今日の日本の領海・領土問題の事始である。

日本は「至誠の限界」を知るべきだ

日本人と中国人とのちがいについて、私は躊躇することなく「誠」と「詐」との一字のちがいだけとよく説いている。なぜそこまでちがうのかといえば、それは生存条件のちがいからくるもので、もっとわかりやすく表現すれば「生」の原理からくるものである。

私は、地政学の生態学的生存の空間（環境）という視点から分析し、この結論を導いた。たとえば、日本人の社会意識が成熟する前には、世間意識があった。世間体を気にして、武士から町人、百姓に至るまで、仲間はずれを避けようとして「和」を社会原理とした。

これはすでに聖徳太子の時代から唱えられていることだ。この和の原理から生まれたのが、共生の思想とその社会のしくみである。

だが、そのしくみは日本列島でしか通用しない。一歩でもその社会から踏み出すと通用しなくなる。日本以外では別の社会のしくみが機能しているからだ。

そのような社会で共有するエートス、たとえば「純」や「清き明き心」、「誠」や「至誠」、「真」を求める志向までも通用しなくなる。逆にそれが、隠れている敵にとって最高のカモになる。

大陸のほうでも、古代から北方の黄河文明と南方の長江文明では、それぞれ文化、社会のしくみに相異がある。北方の代表的な考えは「人為」を説く儒教思想であるのに対し、南方は「自然」を説く老荘思想である。老子の有名なテーゼのひとつである「智恵出でて大偽あり」という言葉に象徴されるように、人間は知恵が出ると大嘘つきになるという考えは、古代日本人の「純」という考えに似ている。

日本は、縄文文明と弥生文明が習合《しゅうごう》に成功したから「和」や「共生」の思想が生まれた。また、仏教の衆生の思想も日本に土着して日本の風土に根を下ろし、日本は仏教国家にもなった。

だが、大陸の歴史風土は日本列島とはまったく異なる。黄河文明が長江文明を征服し滅ぼすと、「同」が社会のしくみとなる。大同、つまり全体主義しか生きていかれないしくみになった。さらに生態学的にも長城の南は農耕、北は遊牧という相異があるので、「人為」しか生存できない。「自然」やナチュラリズムでは生存の条件の支えとならない。だから儒教がずっと社会思想の主流となる。

中国歴史社会のしくみは「和」ではなく「争」だと、すでに2000年あまりも前に『韓非子』が喝破している。つまり、人が多いから物が足りない、だから争は避けられないと、ずばり単純明快に説明している。「争」の社会が求めるのは「勝つ」ことだから、孫呉の兵法をはじめとする「兵法七書」がどんな時代にも勝つための指針となり、人気がある。

勝つためには、誠、ことに至誠は避けるべきで、詐あるのみだ。なぜ中国人社会では「真実なのは詐欺師だけ」なのか。それは生きるために勝たなければならないからだ。中国人が研究努力や技術開発にはあまり力点を置かないのは、「勝てばすべて中国のものになる」という考えによるからである。

どちらが嘘をついているのか、を追求する日本人とはまったくものの見方と考え方が異なる。

漢字、漢文で書かれた中国古典の記述は、近代的な領土観（ことに領土の領有について）とは合致しない。以下いくつかの問題点を挙げる。

（1）古代中国を中心とする宇宙観・世界観・天下観については、天子を頂点とする王土王民観が支配的である。その代表的な思想が「天下王土に非らざるものなし」とする考えで、天朝朝貢・冊封秩序が東亜世界を律する秩序体系である。

（2）かりに古典に「領有」「版図」らしき記述があっても、それはあくまで「主観的」という主張に止まり、客観的には実証できないことがほとんどである。

（3）そもそも中華世界においては辺境観しかなく、国境という近代的概念は存在しない。天下観、国土観も時代とともに、軍事力、文化力、同化力（王化、華化、徳化ともいわれる）とともに変化する。

（4）朝鮮半島に存在する歴代王朝は統一新羅以後、1000年以上にもわたって、近代概念としての「主権」はなかった。国王、后妃、立太子から貨幣の鋳造、国内政治に至るまですべて天朝の礼部によって決められ、朝貢だけでなく、天朝勢力外（たとえば「倭情」、日本の動向など）の動静についても天朝への報告が義務づけられている。陸の領土権だけでなく、海上の島の領有権なども存在しない。

（5）大陸も半島も「易姓革命」だけでなく、何度も亡国しており、基本的に領土領有の継続性と連続性がない。

（6）漢字、漢文は極端に情報が圧縮された表語あるいは表記の文章体系である。文字の配列の順序や文法も曖昧で、一知半解の文章体系ともいえる。いくら古典に記述があっても、注釈や注釈のまた注釈である「疎」、つまり「注、疎」がないと解読がむずかしい上、正確性にも欠ける。

（7）中国、韓国の領土主張についての古典引用について、私もここ数十年来、読解や検証を多く依頼されてきたが、たいがいが断章取義や拡大解釈、さらに我田引水、曲解偽作のものが多い。漢文古典の引用については、まず原典が偽作かどうかの検証を行なう。漢文原文の前後の文脈を並記しない引用は、そのまま信用すべきではない。騙されてもまた騙される日本人、ことに言論人はこのぐらいの「常識」を知るべきだ。

◻︎戦雲立ちこめる尖閣戦争◻︎

現在、日本列島をめぐる領土の問題は、北方領土も竹島もそれぞれロシアの占領下と韓国の実効支配下にあり、日本はロシアに対しても韓国に対しても武力行使の意思はない。ロシア政府と韓国政府の対日態度は異なっているが、誰が見ても領土戦争にまで発展する可能性はきわめて低い。

尖閣だけがずっと日本の実効支配下にあり、中国政府は「三戦」（心理戦、世論戦、法律戦）戦略で対日攻勢を強めている。

2010年9月7日に中国漁船が日本の海上保安庁巡視船に体当たりし、中国人船長が逮捕された問題をめぐって、中国はレアアースの対日禁輸制裁をはじめ海だけではなく空からも対日挑発を強化していく。

人民共和国樹立後の毛沢東の戦略とは主に「敵を深く誘い込む」戦略であり、ハートランド発想の戦略だった。だから海に対してはまったくの無知で、「アメリカは張子の虎、空母は陸に上がれない」と嘲笑っていた。だが、80年代末からは、「三北」から「四海」へと地理的国境から戦略的国境へと、宇宙戦争をも含む三次元的空間の戦略的発想に変わり、あれほどバカにしていた空母ももつようになった。

人民共和国の対内戦略としては、たいてい対外戦争挑発をテコに国内問題を処理するものだった。インドやロシアとの陸の紛争は中国の国益にとっては決して得策ではなかったので、陸から海に紛争の場を変え、環南シナ海と東シナ海をめぐって領土紛争を挑発することをテコに、国内矛盾を処理してきた。

陸から海の領土紛争へと国家戦略を変えたのは、中国の海洋戦略を概括に知らなければならない。日本のみに限定して見ても、中国固有の領土の主張は決して「尖閣諸島」に対してだけではない。反日デモでは「沖縄解放、琉球回収」まで叫ばれた。琉球（沖縄）まで日本に奪われた中国固有の領土と主張し、沖縄人は中国人と決めつけ、大江健三郎氏の著書を引用して「30万人の南京大虐殺につぐ中国人大虐殺は二十余万人の琉球大虐殺」と大々的に流布している。さらに「琉球返還」につぐのが日本の東海省化と倭族自治区化の対日戦略がつづく。日中間の領土問題を「尖閣」のみに限定して考えるのは、決して正確ではない。

尖閣領有をめぐる対日三戦のひとつである世論戦で、いくら「尖閣白書」まで発表しても、固有の領土の主張の拠《よ》り所《どころ》にしている歴史論拠はすべて嘘だから、法律戦でもほとんどが勝ち目がない。残る手は、「尖閣戦争」という「武力行使」や恫喝という心理戦しかない。

中国国内における「尖閣戦争」の世論づくりについては、すでに90％以上が「必戦」を望む「民意」にまで高まっている。

中国共産党文宣部統制下での「世論」によれば、

・現在、中国のＩＣＢＭ（大陸間弾道ミサイル）の技術は世界の最先端を独走している

・世界の全面核戦争は避けられない。核戦争なら中国は絶対勝つ

・戦争に勝てば中国は世界のすべてを得られる

と考えている。日本に対する核攻撃の主張は２００５年の反日デモのプラカードにすでに掲げられ、公然とデモ行進していた。

「中国は日本列島の活断層調査をすでに完了した。海底の活断層に核を打ち込めば日本は消えていく」と中国人は30分以内に日本を消滅させられるという圧勝気分に酔いしれている。

尖閣戦争をめぐる中国人の自信に対して日本は打つ手があるのだろうか。

◻日本が学ぶべき中国領土拡張の教訓◻

中国は黄河中下流域の中原、中土、中国地方からスタートして、時間をかけて、今日の長城以北の満州、蒙古、古代西域の東トルキスタン、チベット高原に至る広大な領域に至っている。従来の18省とされる「内中国」から「外中国」へとその版図を広げたのだ。中国の領土拡大はさらに止まることを知らず、ことに1980年代以後、「海の強国」をめざして尖閣から沖縄、さらに日本列島まで狙われている。

では日本はいったいどう対処してきたのか。その歴史的教訓を学ばなければ、日本列島さえ守れない。

もちろん日本人の領土観もからむことである。日本の元首相が「日本列島は日本人のものだけではない」という宇宙人的発言を行って世を驚かせたことは何度も述べている。日本人として恥ずかしいと自責の念に駆られ、地球人になりたいとまで発言する国会議員もあり、民主党だけでなく自民党でも日本の少子高齢化に対処するためには、「1000万人移民」の計画もあった。

もちろん大航海時代後、日本にも織田信長や豊臣秀吉のような領土拡大思考をもった人物もいたが、最後には江戸鎖国を選んだ。「鎖国」についての善し悪しは、江戸末期からすでに内外から多くの論議があった。

それはここでは論じないが、当時は西洋諸国は海へと領土を拡大していく時代であった。ロシアも清も陸への大拡張をめざした時代だった。

中国は同時代に満州人に征服され、清の植民地になったものの、チンギス・ハーンを元の太祖、清の太祖アイシンカクラ・ヌルハチら征服者を自らの「祖先」と呼ぶことによって、征服した地を継承する権利を主張した。

ロシアもモンゴル人に中国の倍の200年も支配された。だが、モンゴル人を祖先とは呼ばず認知しなかった。日本帝国は、契丹人の遼や女真人の金など中国の一部を長期的には領有しなかったので、明治天皇は中国人から「和の太祖」とは呼ばれなかった。そこが日中の本当の分かれ道だった。

清帝国の崩壊後、清の遺産相続をめぐって、中華民国だけでなく環中国諸民族の自己主張も強く、列強も介入、加担していた。中華民国諸政府、ことに北京、南京などの有力政府は満州事変後、事変が勃発した9月18日（918）を国恥記念日にして、世論戦で日本と対決。リットン報告でも世界の満州国に対する承認は3分の1に止まった。大東亜戦争の結果、満州国まで中国のものとなった。

モンゴルはソ連の支持を得て生き残ったものの、南モンゴルも東トルキスタンもチベットも中国に強制統合され、アメリカは一時、チベットを「被軍事占領国家」と認知した。

だが、日本政府は中華人民共和国政府の領土拡張に対して翼賛するだけなく、中国政府の意向に従って中国支配下の非漢族弾圧に協力した。たとえば一時、チベットのダライ・ラマやウイグルのラビア・カーディルの入国を阻止するなど中国からの現場指導を受け入れている。

70年代に入って日中国交樹立後、中国は台湾を「固有の領土」と主張し、台湾に対する外交孤立作戦を行ない、日本政府、ことに外務省は中国の指揮下で台湾に対する圧力を強化してきた。

日本政府と外務省の台湾に対する敵対行動はすでに広く知られている。東日本大地震の救援活動にまで日本政府が台湾に対して妨害と制限を加えた敵対行為は、日本の一般国民からも強い反発があった。

少なくともここ40年来、中国政府の尖閣に対する主張と行動は、完全に台湾に対する領土主張の過程と同様のやり方である。「台湾白書」と「尖閣白書」についても歴史捏造だらけで、「三戦」を駆使して尖閣を無理やり中国の固有の領土に取り込もうとしている手口も同一のものである。

日本は中国の領土拡張の歴史からだけでなく、台湾に対する固有の領土の主張を正当化するための宣伝・戦略も、歴史の教訓として知らなければならない。

◎日本は近隣諸国とどう向き合うべきなのか？◎

日本は、近隣諸国とどう向き合うか、どう付き合うか。それには孫呉兵法の「知彼知己」がもっとも基本的な原則である。

至善の策としての「廟算《びょうさん》」も、次善の策としての「伐交」（どう付き合うか）も、まず彼を知り、己を知ることが必要不可欠だ。

少なくとも日本国憲法前文にある「平和を愛する諸国民の公正と信義に信頼して」という前提がまちがいだらけであることは、すでに戦後史が物語っている。真に近隣諸国を知るには、日本人と近隣諸国、ことに中華思想をもつ国々（大中華であろうと小中華であろうと）のものの見方と考え方、つまり価値観からもたらされるビヘイビアのちがいについてまず知らなければならない。

日本にはかつて、日中韓は「同文同種、同俗同州」だとするアイデンティティがあった。もっとも極端だったのは、岡倉天心が唱えた「アジアはひとつ」という幻想だった。こうした過去の誤解や、日本国憲法前文にあるような近隣諸国に対する誤解は、現在の日本に多くの禍根《かこん》を残している。

日本人のもっとも基本的な思考法が「真偽正邪」であるのに対して、中華思想をもつ国々はたいてい「勝敗損得」しか考えない。だがそれは、日本人のように「真偽」を気にしないという意味ではない。

嘘が横行する人間不信の社会、「本物は詐欺師だけ」の偽物だらけの社会であるがゆえに、相手の真偽を見極めることが自己防衛のために欠かせず、相手が本物かどうかを常に気にしている。その意味においては決して「真偽」にこだわらないのではなく、偽物か本物か知らないことはやはり不安である。

常に建前と本音を分けて使うので、物の考え方は日常生活においてまで戦略的だ。中華の国々の人々は、考えていることと口で言っていることとやっていることがそれぞれちがうので、なかなか本心がわからない。日本人のように直言する人間は常によいカモになる。そうしたちがいから、日本人社会は誠の社会であるのに対し、中華世界は詐の社会である。それは詐でなければ生きていかれないために生まれた社会のしくみである。

中華世界がそのような社会だということは、すでに江戸時代の国学者は認識し、はっきりと漢意唐心と和魂和心のちがいを指摘していた。彼らは、中華の国は「よこしま」な国だと言っていたのである。

中華の人々が「勝敗損得」しか考えないのは、勝てば世界はすべて自分のものと考えているからである。そのため、一所懸命努力して何かを作り出すよりも、パクリのほうが手っ取り早いと考える。

それでも中華世界には、それなりにクリアできないさまざまな弱みがある。その弱みさえわかれば、騙されてもそれまた騙されることはなかろう。その弱みのひとつは、自己中心という性格である。自己中心、自国中心の国だから、国家、民族、あるいは家族であろうと、絶対に一個人を乗り越えることができない。

お金への貪欲さも弱みとなる。お金が生命以上に大切な国であり、お金のためには生命もいらない人々である。裏を返せば、お金のために国を売る民族ということでもある。それは何も今現在始まったことではない。昔から歴史がそれを物語ってきている。一言で言えば、欲深い人々である。あまりにも貪欲な人間ばかりだから、それが逆に弱みとなる。

彼を知り己を知れば百戦殆からずとまでいかなくても、日本が近隣諸国と付き合うためには、同じ東洋人でもかなり大きなちがいがあるのだという、そのぐらいのことを知識として知っておくべきだ。

第4章

今こそ「虚構の歴史」を打ち砕け！

□ 条約から紐解く竹島問題 □

竹島領有をめぐる韓国の領土主張は、よく20世紀以前に遡る。それはハングル世代の「歴史認識」、ことに世界史への知識不足からくるものが多い。

領土意識と国境意識は、17世紀以後の、ドイツ30年戦争後に締結された、ウェスト・ファリア条約以後、近代国民国家の成熟とともに、じょじょに成熟されたものである。それでも、清帝国やらロシア帝国は、力による征服によって領土拡大をつづけ、新旧大陸や島々に至るまで西洋列強が植民獲得にしのぎを削っていた。

朝鮮半島は、統一新羅の時代から日清戦争の終結に至るまで、じつに1000年以上にもわたって、中華帝国歴代王朝の属国として、国王の廃立から所領の認知にいたるまで、天朝朝貢冊封秩序下におかれていた。

「国家主権」やら「領土主権」やら云々で、主権をもつはずではなかったのだ。西洋生まれの「万国公法」からも「半主の国」でさえ認知されなかった。

その一例として、イギリス海軍が、巨文島を占領した際、朝鮮国王ではなく、清の駐英大使曽紀沢に通告し、了承を得た。

西力東来後、列強の脅威から、江華島事件後，清は朝鮮の属国統治を強化し、朝鮮省を東北三省に加え、東四省として編入する予定だった。

もし日清戦争がなかったら、朝鮮は東北四省の一部になることは、時代の流れであり、下関条約の第1条に何を書いているか読めばわかるはずだ。

もし日露戦争がなかったら、朝鮮はロシアの沿海州の一部となるのは、まさしく歴史の趨勢である。

領土主権云々は、少くとも国際法だけでなく、国際力学からも語らなければならない。ことに無人島については、なおさらである。

海洋文明の列島とはちがって、大中華であろうと、小中華であろうと、王土王民観があっても、島の領有意識は存在しなかった。古典を引用して、我田引水や誇大解釈は「捏造」以外の何ものでもないと知るべきである。

◻「カイロ宣言」の真実◻

「カイロ宣言」といわれるものが果たしてあったのかどうかについて、台湾と日本の常識はまったくちがう。

いくら現在の馬英九政府が「あった」と、あの手この手で宣伝しても、「なかった」というのが常識であり、良識である。

日本では戦後、「日本人民民主主義共和国」革命は成功しなかったが、「カイロ宣言」を日本外務省に認めさせることに成功した。それだけでなく、「六法全書」にも「3国首脳の署名」があると明記する出版社もあり、教科書でもそう教えている。

だから日本では、「カイロ宣言があった」というのが「常識」となり、そう信じられてきた。

「カイロ宣言はなかった」という証言がはじめて世に知られたのは、1955年2月1日のイギリス議会であった。議会で質問されたチャーチル英首相は、当時、はっきりと「宣言」の存在を否定している。

「カイロ宣言」が、1943年12月1日に3首脳署名の下で公布されたという嘘は、台湾主権基金会の検証によって、すでに明らかにされている。なぜなら、公布された当日、ルーズベルトとチャーチルはテヘランでスターリンと会談中で、蔣介石は重慶にこもっていた。意見不一致で、署名も発布もしなかったのである。

「カイロ宣言」についての否定的な見解としては、前述したようにチャーチル英首相の証言だけではなく、イギリス外相のイーデンと次長トルトンの証言記録も残っている。

1953年にサンフランシスコ平和条約が締結し、日本は主権を回復したため、日本政府と国民は「カイロ宣言」の存在には無関心でいられる。

しかし、台湾の事情はまったく異なる。

「カイロ宣言」とは、台湾の「主権問題」「帰属問題」「中華民国の軍事占領」といった台湾人の命運を左右する重要な法的根拠にかかわる問題であるため、台湾人が日本人以上に関心をもつことは当然のことだ。

チャーチル英首相が議会で「カイロ宣言」の存在について否定する一方、中国政府は「カイロ宣言」で中米英3国が「署名した」と公言している。日本の「六法全書」などには、カイロ宣言は米英中3国首脳の署名があると明記し、日本外務省も認めている。

では「カイロ宣言」の真実とはいったいどうなのか。

これについて、台湾主権基金会（会長は統計学者の沈建徳博士）が1993年〜97年までの5カ年にわたって関係政府機関を追跡調査したところ、そもそも「カイロ宣言」は存在しなかったことが判明し、20世紀の国際政治の一大スキャンダルとして世界中に知れわたった。

台湾主権基金会は、アメリカ国家公文書資料局、国務省条約連邦資料センター、ルーズベルト記念図書館、国会図書館などを調べ尽くし、署名した公文書が存在していない事実を突き止めたのである。

日本の外務省も中国の外交部も「カイロ宣言」を根拠にしているが、公文書の存在を証明することができない。

それどころか、チャーチル英首相が署名を拒否し、蔣介石中華民国主席も署名していなかったことを中華民国の外交部も公式に認めている。

では、なぜ会談までして署名がなされなかったのか。

当初は「共同宣言」を署名した上で発表する予定だったのだが、日本占領下の香港が戦争終結後、イギリスと中国のどちらに返還されるのかという問題が決着せず、また台湾、満州の返還明記をめぐって中国とイギリスの意見が対立し、チャーチルが署名を拒否、共同宣言は流れたという経緯があるのだ。

このことについても1955年2月1日、チャーチルは国会で証言している。

なお蔣介石は、ルーズベルトに対して、戦争終結後に国民党軍による九州占領を要求していた。山奥まで逃げ込んで隠れているくせにとんでもない男だとルーズベルトの不興を買ったというエピソードもある。

3 政府によって否定された「カイロ宣言」

カイロ会議はあったものの、中英の意見対立によって「宣言」は成立しなかった。これが幻の「カイロ宣言」の真実である。

正確にいえば、「カイロ宣言」なるものは宣言（declaration）というよりも共同声明（statement）なのである。概括的声明としての会議公報（communique）なのである。それが新聞ネタとなり、日本人への心理戦の道具として使われたにすぎない。「カイロ宣言」とは、正確にいえば「公報」（proclamation）というべきものなのだ。中華民国政府の公文資料（外交文書）では「会議公報」、アメリカ政府の素案では「公報」、イギリス政府の草案でも「新聞公報」と称していた。

カイロ会議当時、蔣介石の通訳をつとめた宋美齢夫人が、カイロ会議から10日後の1943年12月5日、ルーズベルト大統領に打った電報にも「カイロ公報」とある。「カイロ宣言」が成立せず「新聞公報」の草案のみ残っている理由、つまり署名のない「草稿」に終わった理由についても、1955年2月1日にチャーチル英首相が国会で証言している。チャーチルは、「香港の中国返還」を宣言に明記することに反対し、中国を日本への反攻基地にすることにも反対。そのため、会議は妥協案を出すことなく終わったと述べている。

しかし、カイロ会議の結果、英米中三方は共同見解までには至らなかったものの、それぞれの宣伝用新聞公報で各々の自己主張を発表した。中華民国司法界の最長老、王寵恵《おうちょうけい》は宣伝用の公報を「会議公報」として蔣介石の文書秘書の陳布雷に発布させた。重慶政府外交部は、さらにそれを「カイロ宣言」と詐称して公表。それが蔣介石重慶政府作「カイロ宣言」の原本となっている。

いくら中華人民共和国や反日日本人、そして中国政府に呼応する日本外務省が「カイロ宣言」が「あった」と主張しても、カイロ会議に参加した3カ国政府すべてがその存在を否定している。

この事実を無視する彼らは、見ざる・聞かざる・言わざるの三猿だ。

イギリス政府は、すでに国会でチャーチル首相が「ない」と公言しているのは前述したとおりだ。陳水扁《ちんすいへん》前中華民国総統も、チャーチル本人のイギリス議会の証言に基づき、「カイロ宣言に基づいて台湾を中国に返還する」とする法的根拠を否定している。

「カイロ宣言」の存在の元となっているものは、主にルーズベルトの秘書S・アーリーが米国務院に打電した誤報であり、その原文は「アメリカ国立公文書館」に保存されている。アーリーの公報原文は29行、蔣介石のコピー原案は22行しかなく、草案はあったものの三者合意までには至っていなかったのだ。

陳水扁総統時代の中華民国外交部（外務省）と教育部（文科省）も、2003年1月2日、国会にあたる立法院の公聴会で「カイロ宣言」は存在しないと認めた。

カイロ会談後、ルーズベルト大統領は重慶陥落にまで追い込まれた蔣介石政府を見て頼りにならないと見切りをつけ、会議で口頭約束した満州の中国返還を反故。1年2カ月後のヤルタ会談では、満州に関する一部の権益をソ連に譲ることをスターリンに約束してしまったのである。

蔣介石も1945年の中ソ友好同盟条約で、ソ連の満州における鉄道と港湾の特殊権益を認めた。蔣介石もルーズベルトと同様、事実上カイロ公報草案の合意内容を否定し、ヤルタ協定を承認したことになる。

この時点で、カイロ会議は過去のものとなってしまった。

1950年6月30日、朝鮮戦争が勃発して3日後、アメリカ政府は台湾の法的地位が未定であることを発表した。1971年4月28日、アメリカ国務省は「カイロ宣言とポツダム宣言は正式に実行されず、台湾の地位は未定である」と発表した。日本はサンフランシスコ講和条約の有効性を重視すべきである。

カイロ公報、声明、宣言にしろ、会議当事者である3政府ともその存在の否定を公言している上に、すでにサンフランシスコ講和条約の締結によって過去のものとなっている。これが国際的な常識である。

◎条約より宣言優先に固執する中国◎

近年の中国は、台湾主権の帰属問題についてだけでなく、「尖閣」の主権についてもしきりに「カイロ宣言」と「ポツダム宣言」をとりあげて主張している。

台湾の馬英九政府も「カイロ宣言」によって台湾だけでなく、尖閣諸島も中華民国政府に返還したとまで勝手に解釈し、主張している。

日本の戦後処理としては、すでに多国間のサンフランシスコ講和条約があるのにもかかわらず、中国だけは別格として、いまだに難癖をつけられている。

「中国は他国とちがう」というならば、日華（中華民国）と日中（中華人民共和国）の2国間の条約もあった。不満はむしろ日本のほうが多々あるはずだ。

それなのに中国の一方的な都合によって、すでに70年も前の主張があたかも現在でも有効であるかのようにとりあげられることは、自らの非常識をさらけ出すものではないのか。

「宣言」されることなく終わった「カイロ公報草案」には、台湾をはじめ樺太などの北方領土は、日本が盗んだ土地だと書かれている。

しかし、これは歴史的事実に反している。

台湾は下関条約（馬関条約）、北方領土は千島・樺太交換条約という国際条約が国家間で交わされ、それぞれの合意により日本が得た領土であって、けっして「盗んだもの」ではない。

中国の外相が国連で「日本は釣魚台を盗んだ」と公言するが、それは中国人独特の語法である。「ほしいもの」はたいてい相手が盗んだという。

すでに条約文書にどう書いてあるかは関係ない。たとえば、下関条約の第1条1項には「朝鮮の独立」が明文化されている。しかし中国では、本来の条文とは関係なく「朝鮮を日本の支配下に置く」と勝手に書き変える著書まである。ここまでくると、曲解というより、もはや創作といえよう。中国とはそういう国である。

1945年9月2日、日本政府がポツダム宣言受諾の降伏文書に署名したことは確かである。だが、その第8条にある「カイロ宣言の条項は履行する」という一文については、存在しないものについて実行すると言っていることになる。

日本は国家として公式に、虚構の上に立つ「カイロ宣言」を否定しなければならない。学校の教科書にもこの事実を反映させるのが、外務省と文科省の責任でもある。

中国政府の公式文書に「カイロ宣言とポツダム宣言により、日本は台湾を中国に返還した」と記されている。近年ではさらに尖閣も両宣言によって中国に返還されたとくりかえし公言している。

「カイロ宣言」も「ポツダム宣言」も、一方的な意向にほかならない。宣言はつまるところ政治声明や宣伝文書であって、双方合意の「条約」ではない。もとより中国人には法的観念がなく、文書契約も条約も自分の都合で勝手に反古にしたり変更したり、履行しないことが多い。西原借款が完全に踏み倒されたことは、日本人の記憶にまだ新しいことだろう。

中華民国の時代に入ってから、政府が乱立する中、各政府は途方もない「革命外交」を展開した。今までの対外条約をすべて「不平等条約だ」として一方的に「無効」を宣言し、破棄してしまったのだ。１９４１年に国民政府が日独伊に宣戦布告した際、下関条約を一方的に不承認とした。

今でも中華民国の馬英九政府は、下関条約はすでに無効だと主張する一方で「カイロ宣言」と「ポツダム宣言」は有効だとする一方的な都合しか主張しない。

国際法は条約となってはじめて法的効力が発生するものでなければならない。ところが、中国では政府をはじめ学者やいわゆる知識人まで「宣言」を「条約」なみに考えて主張しているのはおかしい。

「カイロ宣言」と「ポツダム宣言」の2つの宣言は、日本が受諾したとして、中国に金科玉条《きんかぎょくじょう》のように引用され、「戦後の領土主権帰属」の法的根拠にされることが多い。中国政府の主張としては、2つの宣言によって中国の台湾帰属主権が確立されたというものだ。

中国政府は国連で「日本は釣魚台を盗んだ」「『カイロ宣言』によって中国に返還した」と発言したように、欺瞞に満ちた自論を世界に向けて発信している。すべてが嘘である。

こうした不思議な言説を行なう者は中国政府とはかぎらず、日本の外務省や防衛省のＯＢからも出ている。

そもそも日本外務省は、対中政策について確固たる立場をもっていない。中国が怒るか、怒らないかによって決めているようにも見られる。その悪しき伝統が外務省出身ＯＢの言行にも表れているのではないだろうか。

第3の眼から見た領土問題

民族からだけでなく、一個人から見た「領土観」は、それぞれ異なるはずだ。

中国北方の母なる大河黄河中下流域の中原から生まれた中国人は、その国土伸縮の歴史から見ると、「歴史的な領土」と「ほしい領土」がある。

中華帝国の千年属国であり続けた朝鮮半島の人間の領土観もちがうだろう。近代国民国家以前と以後の人間でもちがうはずだ。

台湾の歴史は琉球史ほど長くはなく、「400年史」とよくいわれる。それ以前の台湾は一時倭寇の基地と給水地になった時代もあった。倭寇は、海から陸に襲ってくる。18世紀の清乾隆帝時代にやっと編撰が完成した官定正史である『明史』には、ビルマなど陸のアジアは中国史の「土司列伝」に入れていたが、日本、琉球、鶏籠《キールン》（台湾北部）、呂宋《ルソン》は「外国列伝」に入れ、台湾を日本などとともに並記して外国としていた。これによって、18世紀の大陸人の領土観と近年の領土観がいかに異なっているか、時代による領土意識のちがいを知ることができる。

台湾400年史はほとんどが外来の支配政権の歴史だった。最初がオランダ人とスペイン人で、やがて国姓爺合戦《こくせんやかっせん》で日本でも知られる最後の倭寇のボス鄭成功一族の支配、その後が清の康熙帝《こうきてい》以後212年、日清戦争後は日本の50年、そして戦後の中華民国の支配となる。

大航海時代の西風東来後に、織豊《しょくほう》時代の日本人は西洋人に近い領土観や近代精神ももっていた。台湾領有をめぐる争いの中で、日本の鎖国によって台湾はオランダとスペインの手に落ちた。豊臣秀吉は征明だけでなく呂宋、天竺までの入貢を考えていた。

江戸時代とほぼ同時代、陸も海も列国が大膨張する時代だった。もっとも代表的なのはスラブ人のロシアと満州人の清であった。それも同時代の領土観を比較するのに参考となることが多い。

終戦後、私は小学生だった。時代の変化の節目を迎え、去っていく日本人の後姿を見た。台湾のトーテミズムとして台湾人を牛、日本人をイヌ、中国人をブタと喩えていた。いわゆる「犬去ってブタ来る」のを、この時代の台湾人は極めて冷静な目で見た。戦後、台湾から日本人軍人20万人、民間人40万人が整然と去っていった後、入れかわりに中国人が入ってくる。国共内戦に敗れた蔣介石の国民党軍はイナゴの大群のように入ってきて、やがて大陳島からも島民全員が流れ込んでくる。学校の校舎は半分ぐらいが住居に変わり、学校も午前と午後の二部制となった。

台湾が法治社会から徳治、人治社会にどう変わっていったか、われわれは若いころからずっと見てきた。私が小学4年生のころ、中国人による台湾人大虐殺である2・28事件が起きた。

日本人が住んでいた住居の主は中国人となり、土地も同様に変わっていった。終戦直後、日本でも焼跡となった土地がいわゆる第三国人によって占有されたのを見てきた日本人で存命の方も多かろう。

日本の国土は、このように変わっていった。北方領土には日本人の代わりに、ロシア人がほぼ同数入ってくる。そもそも竹島にはアシカ猟をしていた日本人のバラック小屋もあった。尖閣には百数十人の日本人島民がいた。

国土・領土問題が起こる理由は多々ある。日本人自らが自分たちの生活空間をどこまで守るか、その決意があるかにもよる。

韓国は竹島だけではなく、対馬まで自国領だと主張している。

中国は70年代になって唐突にも尖閣を固有の領土だと言い出し、2012年には「すでに600年も実効支配している」と公言し、「琉球」まで固有の領土だと主張している。中国の核心的利益とはいったいどういう利益なのかなど、どうでもよい。それが「国際力学」だ。

日本人は、いったいいつまで「平和を愛する諸国民の公正と信義に信頼」し続けるのだろうか。

黄 文雄（こう・ぶんゆう）
1938年、台湾高雄州生まれ。台湾では、台湾独立建国連盟に参画し、政治活動に携わる。1964年、留学のため来日。早稲田大学商学部を卒業。明治大学大学院政治経済研究科西洋経済史学修士課程を修了する。その後は、拓殖大学日本文化研究所客員教授や台湾独立建国連盟日本本部委員長など務める。著書『中国の没落』（台湾・前衛出版社）が反響を呼び、評論家としても活躍。
主な著書は、『米中が激突する日』（PHP研究所）、『日本人はなぜ中国人、韓国人とこれほどまで違うのか』『日本を呪縛する「反日」歴史認識の大嘘』（徳間書店）、『「複合汚染国家」中国』（ワック）『中国・韓国の反日歴史教育の暴走』（海竜社）など多数。

経済界新書
039

だから日本人は騙《だま》される

2013年 6 月 7 日　初版第1刷発行

著者　黄 文雄
発行人　佐藤有美
編集人　渡部　周
発行所　株式会社経済界
〒105-0001 東京都港区虎ノ門1-17-1
出版局　出版編集部☎03-3503-1213
出版営業部☎03-3503-1212
振替　00130-8-160266
http://www.keizaikai.co.jp

装幀　岡 孝治

オビ写真提供　共同通信社

印刷　㈱光邦

ISBN978-4-7667-2049-5